나는 낯을 가립니다

나는 낯을 가립니다

소리타 가쓰히코 지음

조사연 옮김

시그마북스
Sigma Books

나는 낯을 가립니다

발행일 2020년 3월 10일 초판 1쇄 발행
지은이 소리타 가쓰히코
옮긴이 조사연
발행인 강학경
발행처 시그마북스
마케팅 정제용
에디터 장민정, 최윤정, 장아름
디자인 김문배, 최희민

등록번호 제10-965호
주소 서울특별시 영등포구 양평로 22길 21 선유도코오롱디지털타워 A402호
전자우편 sigmabooks@spress.co.kr
홈페이지 http://www.sigmabooks.co.kr
전화 (02) 2062-5288~9
팩시밀리 (02) 323-4197
ISBN 979-11-90257-30-5(03180)

Original Japanese title: HITOMISHIRI GA NAORU NOTE

Copyright ⓒ Katsuhiko Sorita 2014

Original Japanese edition published by Subarusya Corporation

Korean translation rights arranged with Subarusya Corporation

through The English Agency (Japan) Ltd. and Creek & River Entertainment Co., Ltd.

이 도서의 국립중앙도서관 출판예정도서목록(CIP)은 서지정보유통지원시스템 홈페이지(http://seoji.nl.go.kr)와

국가자료공동목록시스템(http://www.nl.go.kr/kolisnet)에서 이용하실 수 있습니다. (CIP제어번호: CIP2020006919)

* **시그마북스**는 (주)**시그마프레스**의 자매회사로 일반 단행본 전문 출판사입니다.

생각을 바꾸면 행동이 바뀌고,
행동을 바꾸면 습관이 바뀌고,
습관을 바꾸면 인격이 바뀌고,
인격이 바뀌면 운명이 바뀐다.

- 윌리엄 제임스

들어가는 말

사람들 앞에서 당당하고 싶다!

'사람들 앞에 나서는 게 두렵고 처음 만나는 사람과 이야기라도 하려고 하면 너무 떨려서 말이 안 나와요.' 이런 고민 때문에 클리닉을 찾는 내담자가 나날이 늘고 있습니다.

발표를 앞두고 긴장한 탓에 며칠 전부터 밤잠을 설쳤다는 사람, 용기를 내 파티에 갔지만 결국 말 한마디 나누지 못하고 왔다는 사람, 운명의 상대일지도 모를 사람과의 만남을 스스로 포기해버린 사람 등 사연도 다양합니다.

업무는 물론이고 일상생활에도 큰 방해가 되는 '낯가림' 때문에 당신도 내심 속상해하고 있지 않나요?

하지만 너무 걱정하지 않아도 됩니다. 스스로 '낯을 가린다'고 생각하는 사람이 의외로 꽤 많거든요.

아니, 당신을 비롯한 대부분의 사람이 낯을 가린다고 보면 됩니다.

옆 사람에게 '당신은 낯을 가리나요?'라고 물어보면 금방 알 수 있습니다. 오히려 '낯을 안 가려요'라고 말하는 사람이 적을지도 모릅니다.

사실 우리가 흔히 말하는 '사교적인 사람'은 세상에 많지 않습니다.

정도의 차이가 있을 뿐, 누구나 낯가림에 대한 고민을 안고 사는 시대인 듯합니다.

그렇다고 낯가림이 나쁘다는 말은 아닙니다. 어떤 사람에게는 낯을 가리는 모습이 매력적으로 보일 수도 있습니다.

단, 모든 일에는 좋은 면과 나쁜 면이 있기 마련입니다. 낯가림은 개인의 자기다움을 드러내는 데 방해가 되는 면이 더 많은 것 같습니다.

낯가림이 사라지면 만남의 기회는 무한대로 늘어납니다. 모두의 마음을 감동시키는 연설을 할 수도 있고, 자신의 의견을 주저 없이 내세울 수도 있습니다. 여태껏 용기가 없어 하지 못했던 많은 일이 하나하나 실현된다면, 인생이 지금보다 훨씬 풍성해질 테지요.

당신이 그토록 바라던 당신다운 삶이란 바로 이것이 아닌가요?

낯가림을 극복하는 '인지행동치료'

이 책에는 당신이 낯가림을 극복해 당당함을 되찾을 수 있는 비결이 담겨 있습니다.

비결이라고 해서 뭔가 특별한 방법을 말하는 것은 아닙니다. 지금껏 당신이 오랫동안 믿어왔던 '상식'을 바꾸는 순서에 불과합니다.

이 책에서 소개하는 '인지행동치료(CBT)'를 사용하면 누구에게나 있는 낯가림 성향을 완화시킬 수 있습니다.

인지행동치료는 현재 가장 주목받는 심리치료(카운슬링) 중 하나로 '기존의 잘못된 사고방식을 조정해 행동함으로써 몸과 마음에 변화를 주는 방법'입니다. 우울증, 공황장애, 사회불안증/사회불안장애(심한 낯가림) 등의 치료에 자주 사용됩니다.

인지라고 하니까 인지 능력이 저하되는 치매를 떠올리는 사람도 있을 것입니다. 하지만 여기서 말하는 인지란 외부 자극을 받아들이는 태도와 사물에 대한 견해, 현실을 해석하는 방식, 즉 '사고방식'을 말합니다.

예를 들어 만약 당신이 실수를 해서 고객으로부터 심한 질타를 받았을 때 '이제 다 틀렸어'라며 좌절감에 허우적대기만 한다면 자신감도 떨어져 발전적인 행동을 취할 수 없습니다.

반면 '아무 말 없이 다른 매장으로 갈 수 있을 텐데도, 저 고객은 일부러 내 실수를 지적해주셨어. 고맙게 생각하자'라고 마음먹으면 행동도 미래 지향적으로 바뀌겠지요.

그야말로 '어떻게 생각하느냐'가 '어떻게 행동하느냐'를 결정짓는다고 해도 과언이 아닙니다. 인지행동치료는 이 패턴(관계)을 이용해 마음속 문제 해결을 돕는 도구입니다.

이 책의 개요

당신은 낯가림을 고치고 싶다는 생각에(사고), 이 책을 집었습니다(행동). 자, 이제 또 한 발 나아가 봅시다.

낯가림을 극복하려면 긍정적인 '행동'이 쌓여야 합니다.

많은 사람이 힘들어하는, 타인에게 자신을 스스럼없이 드러내는 일에 대한 두려움이나 가슴이 두근거리고 얼굴이 빨개지곤 하는 신체상의 문제도 행동이 축적되면 서서히 개선됩니다.

이 책은 한 사람 한 사람이 긍정적인 행동을 쌓아 스스로 낯가림을 치료할 수 있도록 돕기 위해 만들었습니다.

자신의 속도에 맞게 진행하면 되므로 편안한 마음으로 임하면 됩니다.

1장부터 순서대로 읽어가면서 불편한 상황을 조금씩 줄여가도록 합시다. 각 장에서 다루는 내용은 다음과 같습니다.

제1장에서는 낯가림의 메커니즘과 기본적인 대처법을 설명합니다.

제2장에서는 자신에게 두렵고 괴로운 상황을 정리합니다.

제3장에서는 자신에게 불리한 편향된 사고를 수정합니다.

제4장에서는 실제로 낯가림을 극복하기 위한 행동을 연습합니다.

제5장에서는 자신을 지키는 자기주장의 규칙을 몸에 익힙니다.

마지막으로, 낯가림 치료에 성공해 당당함을 되찾은 자신의 모습을 구체적으로 상상해보세요. 낯가림이라는 장벽 앞에서 주저하는 모습이 아닌, 바라던 여러 상황에 적극적으로 도전하는 자신을 말이에요.

그리고 당신이 여태껏 포기해온 일들 중에서 하나를 골라 구체적인 목표로 정하고 아래에 적어봅시다.

목표:

(예: 100명 앞에서 프레젠테이션을 한다, 상대의 눈을 보고 이야기한다, 짝사랑하는 사람과 데이트한다, 회사 대표와 단둘이 대화한다 등)

진심으로 변화를 원하나요? 지금은 목표가 꿈처럼 느껴지겠지만 이 책을 덮을 즈음에는 뭐든 할 수 있다는 자신감이 꿈틀거릴 것입니다.

당신의 인생이 당당하고 자신감 넘치게 변화하는 데 이 책이 작은 디딤돌이 되기를 진심으로 바랍니다.

아사나기클리닉 심료내과*

소리타 가쓰히코

(*마음과 몸을 함께 치료하는 진료 과목_옮긴이)

차례

제4장 자신감이 생기는 행동을 한다

제5장 당당히 주장한다

제 1 장

낯가림의 원인과
기본 대처법

1 '낯을 가리는 사람'은 어떤 사람인가?

우리가 상상하는 것보다 낯을 가리는 사람은 훨씬 많습니다.

- 많은 사람 앞에서 자기소개를 할 때 머리가 새하얘지면서 횡설수설한다.
- 엘리베이터에서 지인과 마주치면 무슨 말을 해야 할지 몰라 대화가 자꾸 끊긴다.
- 타인의 시선을 받으면 긴장되어 손이 떨려 글씨를 쓸 수 없다.
- 다른 사람과 눈을 마주치지 못한다.
- 칭찬받으면 얼굴이 빨개진다.
- 첫 만남인 자리는 조금 낫지만, 두 번째 만남부터는 상대방이 실망할지도 모른다는 생각에 불편하다.

위 증상은 모두 낯을 가리는 사람에게서 흔히 나타납니다. 당신도 이런 경험이 있지 않나요?

저희 클리닉에도 다양한 연령, 직업, 성별의 사람들이 낯가림에 대한 고민을 안고 상담을 받으러 옵니다.

내담자 대부분은 '사람들 앞에 나선다', '대중 앞에서 발표한다'는 상황에 극도의 스트레스를 느끼고 있으며 이는 일상생활과 업무에도 큰 지장을 줍니다. 사람들의 시선이 쏠리면 긴장한 나머지 평소 실력을 충분히 발휘하지 못하게 되는 것이지요.

한편 '어른인데 가벼운 대화조차 즐기지 못하다니……'라고 자책하며 대인관계에 자신감을 잃고 고민하는 사람도 적지 않습니다. 소심한 성격 탓에 남들에게 자신을 제대로 표현하지 못하는 사람이 여기에 해당합니다.

이처럼 **무대공포증이 있거나 소심한 성향을 가진 사람들을 이 책에서는 '낯을 가리는 사람'이라고 부릅니다.** 나이는 중요하지 않습니다. 어린 시절이나 사춘기 때부터 쭉 낯을 가린 사람이 있는가 하면, 어른이 된 후 어떤 계기로 낯가림이 생긴 사람도 꽤 있습니다.

대부분의 사람이 낯을 가린다

낯가림으로 고민하는 사람들에게 "낯을 가리는 사람은 엄청 많아요"라고 말하면 모두 의아한 표정을 짓습니다. 자기만 낯을 가린다고 착각하기 때문입니다.

사실, 일본인의 98.3퍼센트가 불안을 강하게 느끼는 타입이라는 연구 결과가 있습니다. 참고로 이 연구에서 불안을 강하게 느끼는 미국인의 비율은 68퍼센트였습니다(신경전달물질 중 우울증 및 불안장애와 관련이 깊은 세로토닌을 조절하는 물질의 유전 연구를 통해 밝혀졌습니다).

98.3퍼센트라는 수치는 몇몇 행운아를 제외하고는 일본인 대부분이 불안증(무대공포증이나 소심한 성향도 여기에 포함됩니다) 기질을 갖고 있

음을 의미합니다. 이제 조금 안심이 되나요?

제 진료 경험상 '낯을 가리는 사람'은 '자기만 벌거벗고 거리를 돌아다닌다'고 생각하는 경향이 강한 듯합니다.

당신은 눈을 감고 벌거벗은 채로 걷고 있습니다. 걷고 있는 곳은 일요일 시내 한복판입니다. 당연히 부끄럽겠지요.

그러나 나만 벌거벗었다고 생각하니까 부끄러운 법입니다. 눈을 떠보니 사실 그곳은 온천이고 모두가 벗은 상태라면 어떨까요? 그다지 창피하지 않겠지요. 벌거벗은 임금님의 반대 버전처럼 말입니다.

2 낯가림의 두 얼굴

사람들 앞에서 발표하거나 별로 친하지 않은 사람과 이야기할 때 낯을 가리는 이유는 마음에 불안이 있기 때문입니다.

이 불안의 정체는 무엇일까요? 낯가림의 핵심 불안은 다음 두 가지입니다.

- 남에게 평가받는다는 불안
- 남이 나를 꿰뚫어 본다는 불안

'남에게 평가받는다는 불안'은 사람들이 나를 나쁘게 생각하지 않을까 하는 불안입니다. '남이 나를 꿰뚫어 본다는 불안'은 평소 꼭꼭 감춰온 진짜 내 모습이 들통날지도 모른다는 불안이고요. 혹시 '어? 내 이야기잖아?'라고 와 닿는 부분이 있나요?

'나를 감시하는 감독관이 어딘가에 숨어서 대화하는 모습, 식사하는 모습을 늘 관찰하고 있어. 그런데 그 테스트 결과는 언제나 낙제점이야!' 낯을 가리는 사람은 수시로 이러한 상상에 빠지곤 합니다. 처음에는 작은 불안에서 시작한 이러한 상상은, 몇 번이고 되풀이하는 동안 큰 걱정으로 번집니다.

'상사가 질문했는데 횡설수설하고 말았어. 틀림없이 무능한 인간이라고 생각했을 거야. 앞으로 상사는 A에게만 일을 시키고 나에게는 아무 일도 맡기지 않겠지? 이제 다 글렀어. 이러다 잘릴지도 몰라……'

이처럼 일어나지도 않은 최악의 사태를 걱정하는 사이 불안도 점점 증폭됩니다. 극단적인 예라고 생각할지 모르지만, 이 악순환이 낯을 가리는 사람의 특징입니다. 사소한 착각에서 시작된 염려가 악순환을 거듭하면서 걷잡을 수 없는 불안으로 커지는 것이지요.

그럼 지금부터 이 두 가지 불안에 대해 자세히 살펴보겠습니다.

남에게 평가받는다는 불안

'남에게 평가받는다는 불안'은 왜 생길까요?

당신은 늘 남이 나를 나쁘게 생각할까 봐 전전긍긍하며 살고 있지 않나요? 또 모두가 당신을 부정적으로 평가할 것이라는 생각에 사로잡혀 있지는 않나요?

물론 다른 사람으로부터 평가받는 일을 좋아하는 사람은 없습니다. 그런데 낯가림을 하는 사람은 이를 극도로 싫어하고 두려워합니다.

'남에게 평가받는다는 불안'이 심한 사람은 사람들 앞에서 자기소개를 하거나 발언하는 일을 두려워합니다. 흔히 말하는 무대공포증입니다.

이러한 경향의 사람들은 조회의 3분 스피치, 학부모 모임에서의 자기소개, 결혼식 축사, 많은 사람 앞에서 하는 제품 프레젠테이션, 구술시험, 피아노 발표회, 취직 면접 등의 상황을 몹시 두려워합니다.

남이 나를 꿰뚫어 본다는 불안

이번에는 '남이 나를 꿰뚫어 본다는 불안'을 느끼는 이유에 대해 알아봅시다.

낯가림을 하는 사람 중에는 겉으로는 전혀 불안이 느껴지지 않고 얼핏 차가워 보이는 사람도 있습니다. 새침한 인상 탓에 선뜻 다가가기가 어렵고, 사람에 따라서는 '나한테 말 걸지 마세요'라고 말하는 듯한 무언의 기운이 느껴지기도 합니다.

이런 사람은 **타인과 깊은 관계 맺기를 거부하는 방식으로 자신의 진짜 모습을 감춥니다.** 자신의 진짜 모습은 남들보다 열등하다고 확신하기 때문입니다.

다른 사람과 눈 맞추기를 두려워하는 사람도 마찬가지입니다. 눈은 마음의 창이라는 말도 있듯이, 눈이 마주치면 상대가 마음속 동요를 알아차리리라 생각하는 것이지요.

매우 튀는 최신 유행 패션을 구사하거나 공격적인 화장을 해서 아무도 말을 걸지 못하게 방어하는 사람이 있는가 하면 마음속 불안을 감추려고 엉뚱한 말을 내뱉는 사람, 필요 이상으로 흥분하며 활발한 척하는 사람도 있습니다.

모두 상대방에게 자신의 실체를 들키느니 약간 괴짜 취급을 받거나 비상식적인 사람이라고 여겨지는 편이 낫다고 치부하는 데서 오는 행동들입니다.

상대방이 나를 꿰뚫어 본다는 불안이 강한 사람은 온통 낯선 사람뿐인 파티, 잘 모르는 사람과의 회식, 상사 또는 권한을 가진 사람(기죽는 사람)과의 대화 자리 등에 가기를 두려워합니다.

첫 번째 만남보다 두 번째 만남이 더 불안한 이유

대인관계에서 첫 번째 만남보다 두 번째 만남을 더 불안해하는 사람이 있습니다. 한 번뿐인 만남이라면 형식적인 대화만 하고 헤어지면 끝이지만, 만남이 이어지다 보면 점차 자신의 약점도 드러나기 마련입니다. 그러다 여태껏 감추고 있던 자신의 가면이 벗겨지지 않을까 불안해하는 것이지요.

3 자기평가를 높인다

'남에게 평가받는다는 불안', '남이 나를 꿰뚫어 본다는 불안'은 왜 생기는 것일까요?

두 가지 불안을 느끼는 사람에게는 '자기평가가 낮다'는 공통점이 있습니다.

자기평가란 글자 그대로 자기 자신을 어떻게 평가하는지를 말합니다.

자기평가가 낮은 사람은 스스로를 형편없는 인간이라고 평가하기 때문에, 당연히 다른 사람도 자신을 나쁘게 생각할 것이라고 확신합니다.

당신은 다른 사람과 이야기를 나눌 때 상대방에게 '미안하다'고 느낄 때가 있나요? '나처럼 하찮은 인간과 대화하고 있으니 상대방은 분명 따분할 거야. 나는 매력적이지도 않고 아는 것도 없어서 나랑 이야기해도 상대방은 아무것도 얻지 못할 테니까. 나는 상대방의 귀중한 시간을 빼앗고 있을 뿐이야.' 이렇게 초조하고 불안한 마음이 든 적이 있을지도 모릅니다.

이러한 생각이 드는 이유는 자신이 상대방보다 열등하다는 생각이 마음속 깊이 자리 잡고 있기 때문입니다. 열등한 내가 누군가와 이야기를 나누려면 상대방에게 뭔가 도움이 되는 것을 주어야 하며,

그렇지 않으면 상대방과 균형이 맞지 않는다고 생각하는 것이지요.

컨설턴트나 변호사와 상담할 때 상담료를 지불하듯, 공짜로 대화하는 일은 나쁘다고 느낍니다.

이것이야말로 자기평가가 낮다는 증거입니다.

낯가림을 하는 사람은 신기하게도 자신이 열등하다는 믿음만큼은 확신에 넘칩니다. 누군가가 그렇지 않다고 말한들 고쳐지지 않습니다.

'인정받은 경험'이 자신감을 만든다

그렇다면 자기평가는 어떻게 형성될까요?

자기평가가 형성되는 데는 그 사람의 선천적인 기질, 지금까지 어떤 환경에서 어떤 사람과 관계를 맺어왔는가, 처한 환경 등 다양한 요소가 영향을 미칩니다. 그중에서도 대표적인 것이 부모와의 관계입니다.

들어본 적이 있을지도 모르지만 어린 시절 부모로부터 무조건적인 사랑을 충분히 받고 자란 아이는 자신의 있는 그대로의 모습을 긍정적으로 받아들입니다.

'특별히 뭔가를 하려고 애쓰지 않아도 나는 인정받을 수 있어'라고 생각하기 때문에 자신감을 가질 만한 근거가 없어도 스스로에게 자신이 생깁니다.

이것이 높은 자기평가의 원동력이 됩니다.

물론 이것이 100퍼센트라고 말할 수는 없고, 사랑이 넘치는 가정에서 자라도 낯가림을 하는 사람이 있습니다.

가정이라는 방파제가 세상의 거친 파도로부터 보호해줄 때는 아무런 불안도 느끼지 못하다가, 가정에서 한 발 벗어나 혼자가 되면 갑자기 자신감을 상실하고 마는 사람이 이런 경우입니다. 소위 방안퉁수라 불리는 사람들이지요.

한편 '……하지 않으려면 집에서 나가!'처럼 사랑에 조건이 붙는 경우에는 '남에게 도움이 되지 않으면 나는 인정받지 못해'라는 생각으로 이어져 성장한 뒤에도 늘 상대방에게 인정받기 위해 끊임없이 뭔가를 해야 마음이 편한 어른이 됩니다.

또 작은 일에 짜증을 일삼는 어머니나 술만 마시면 화를 내는 아버지가 있는 가정에서 자라면, 행여 부모의 기분을 상하게 하지는 않을까 눈치를 보기 일쑤입니다.

부모의 기분이 좋지 않은 것은 나 때문이라고 생각하게 될지도 모릅니다.

이처럼 사랑받기 위해 상대방 마음에 드는 행동을 하려고 애쓰거나 인간관계가 원만하지 못한 원인을 늘 자신의 탓으로 돌리며 자라다 보면 자신의 생각을 누르고 상대방 기분에만 맞추려는 태도가 몸에 배게 됩니다.

늘 자신을 억누르며 자란 아이는 성장해서도 있는 그대로의 모습을 솔직히 표현할 수 없습니다.

'자기평가'는 스스로 높일 수 있다

자기평가가 낮은 사람은 자기주장이 서툽니다. 자신의 의견이 가치 없다고 생각하기 때문입니다.

성장하는 과정에서 좋은 환경에 둘러싸여 친구와 선생님, 상사로부터 그대로의 모습을 평가받고, 그 후 성장 과정에서 해결해야 하는 여러 과제를 별 어려움 없이 풀어나가다 보면 자기평가는 점차 높아지기 마련입니다.

만약 그렇지 않다면 자기평가는 늘 낮을 수밖에 없습니다.

이제 와서 어린 시절 이야기를 해봐야 무슨 소용이냐고 따지고 싶은 마음도 들 테지요.

낯가림의 원인은 과거의 성장 환경 때문이니 이미 늦었다며 고치기를 포기한다면 이는 분명 본말전도입니다. 하지만 '난 왜 이럴까?' 하고 그저 한탄만 되풀이하는 것보다는 훨씬 속 시원하지 않나요?

애당초 **이렇다 할 확실한 이유 없이 낯을 가리는 사람도 많고**, 원인이 될 만한 사건을 기억하지 못하는 경우도 있습니다.

중요한 것은 '어떻게 자기평가를 높일 것인가?'입니다. 자기평가는 스스로 높일 수 있습니다.

이 책에서는 그 방법도 소개하고 있습니다.

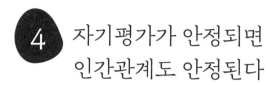

4 자기평가가 안정되면
인간관계도 안정된다

자기평가는 물론 높을수록 좋지만, 안정적인 것도 중요합니다.

자기평가가 높고 안정된 사람은 타인으로부터 조금 비판받는 일이 생겨도 열린 마음으로 상대의 의견을 받아들일 수 있습니다. 비판받았다고 해서 심하게 상처받거나 화를 내는 일이 없습니다.

또 자신의 생각과 상대의 생각이 어떻게 다른지, 수정할 점은 무엇인지, 아니면 상대의 생각이 오해에 불과한지 등을 냉정하게 판단합니다. 결코 상대방을 강제로 굴복시키거나 지배하려고 하지 않습니다.

한편 평소에는 자기평가가 높다가도 별것 아닌 일로 확 낮아져버리는 사람은 타인의 비판에 필요 이상의 공격적인 반응을 보이거나 아니면 반대로 상처를 받습니다.

이런 사람은 사실 자기평가가 높다기보다는 자존심이 강해서 허세를 부리는 것에 불과합니다. 대부분은 자기가 생각하는 것 이상으로 타인에게 잘 보이고 싶어 하는 마음이 강하며, 낯가림을 하는 사람에게 흔한 유형입니다.

좋아하는 사람과 연애를 못 하는 심리

이처럼 자기평가는 타인과의 커뮤니케이션에서 매우 중요한 요소입니다. 자기평가가 낮으면 낯가림뿐만 아니라 전반적인 대인관계에서 문제가 발생합니다.

사람은 결혼, 특히 여성의 경우 임신과 출산이라는 과정을 거쳐 다음 세대를 양육하고 준비시킵니다. 사람으로서 마땅히 거쳐야 하는 이러한 과정의 첫걸음이 바로 연애인데, 연애도 자기평가와 관계가 깊습니다. 연인관계로 발전하려면 마음 깊은 곳에서 상대방을 받아들일 수 있어야 하기 때문이지요.

이성이 자신을 받아들이고 필요로 함을 느끼면 자기평가가 높아집니다. 이를 위해서는 상대방에게 있는 그대로의 모습을 보여줄 필요가 있습니다. 좋은 모습만 보여주는 관계는 오래 지속될 수 없습니다.

사람은 자기평가에 상응하는 사람을 연애 상대로 고른다고 합니다.

업무가 잘 풀릴 때, 노력한 만큼의 성과를 올렸을 때는 자기평가가 높아져 넘치는 자신감과 더불어 원하는 상대의 수준도 높아집니다.

반대로 자기평가가 낮으면 상대에게 기가 죽어서 자신의 진짜 모습을 보여주지 않으려고 합니다. 자신의 진짜 모습을 감추고 무리해서 과잉 포장하려고 하겠지요.

또 일부는 별로 매력적이지 않은 상대를 고르기도 합니다. 모두가 인정하는 멋진 사람은 자신과 어울리지 않는다고 믿기 때문입니다.

자신을 별로 인정해주지 않는 사람을 선택하는 경우도 있습니다. 자신을 인정해주는 사람은 나를 과대평가하는 것일 뿐 실체를 알면 상대가 실망할 것이 뻔하다고 생각하기 때문입니다.

아니면 '나 따위에게 말을 걸다니 뭔가 꿍꿍이가 있는 것이 분명해', '속이려는 건 아닐까?' 하고 의심할지도 모릅니다.

낯가림도 습관이다

어떠세요? 앞서 언급한 내용이 마치 머릿속 생각을 그대로 옮겨놓은 듯 친숙하지 않나요?

자기평가를 높이기 위해서는 당신 안에 있는, 현실과는 다른 생각을 찾아 수정하고 수정한 생각에 기초해 행동해야 합니다.

그리고 그 결과로서 성공 체험을 얻는 것이 중요합니다.

생각을 바꾸는 일은 매우 어렵습니다. 생각은 마음속에 깊은 뿌리를 내리고 단단히 박혀 있기 때문이지요.

담배, 술, 도박, 과식 등 나쁜 습관을 가진 사람이 그렇습니다. 그만둬야 된다는 사실을 알면서도 나쁜 습관에는 의존성이 있기 때문에 좀처럼 끊을 수 없습니다.

낯가림에도 습관성이 있습니다. 고치려면 수고와 시간을 들여야 하기 때문에 그냥 지금 이대로가 편하다고 생각하기 일쑤입니다.

또 '어차피 못 고쳐'라든가 '노력해서 고쳐봤자 인생 크게 달라지지 않아'라는 생각도 낯가림을 고치지 못하는 원인 중 하나입니다(낮은 자기평가는 우울증, 불안장애, 섭식장애 등 다양한 마음의 문제로 이어지기도 하지만, 이 책에서는 다루지 않습니다).

그리고 겨우 생각을 바꿨다 하더라도 행동으로 이어지기까지는 더 높은 장애물이 기다리고 있습니다. 이 장애물을 뛰어넘기가 가장 어렵습니다.

이 부분은 앞으로 이어질 내용에서도 여러 번 자세히 설명하려고 합니다.

사회불안증/사회불안장애란?

낮가림은 성격일까, 질환일까?

낮가림이 심한 상태를 요즘에는 '사회불안증/사회불안장애(SAD)'라고 부릅니다. 일본에서는 심료내과나 정신과의 진료과목에 추가되기도 했습니다.

질환이라는 말에 깜짝 놀라는 분도 있을 것 같습니다. 하지만 걱정할 필요 없습니다. 치료하면 좋아진다고 인식하게 됐다는 말이니까요.

미국정신의학회의 정신질환 진단 기준에 DSM이라고 불리는 매뉴얼이 있습니다. 2013년 5월에 개정된 DSM-5에서 SAD의 기준도 새롭게 변했습니다(내용은 31쪽 참조).

새로운 기준에는 (B)에 '타인을 불편하게 만드는 상황을 두려워한다'는 증상이 추가되었습니다. 이 증상은 예전에는 일본을 포함한 동북아 문화권 특유의 질환(문화연계증후군)인 '대인공포증'으로 분류되었습니다.

DSM-5는 되도록 문화에 의한 차이를 없애고 일반화하는 방향으로 개정되었습니다. 그래서 대인공포증도 SAD 분류에 포함된 것이지요.

또 심료내과에 상담을 받으러 오는 사람 대부분이 【수행형 단독】입니다. 회사의 회의나 프레젠테이션, 학부모 회의나 결혼식 축사 등 피할 수 없는 상황에 맞닥뜨렸기 때문이겠지요.

DSM-5에 의한 사회불안증 진단 기준

(A)	타인에게 면밀하게 관찰될 수 있는 하나 이상의 사회적 상황에 노출되는 것을 극도로 두려워하거나 불안해한다. 그러한 상황의 예로는 사회적 관계(예: 잡담을 하거나 낯선 사람을 만나는 것), 관찰되는 것(예: 음식을 먹거나 마시는 자리), 다른 사람들 앞에서 수행을 하는 것(예: 연설)을 들 수 있다.
(B)	다른 사람들에게 부정적으로 평가받을 수 있는(수치스럽거나 당황한 것으로 보임, 다른 사람을 거부하거나 공격하는 것으로 보임) 행동을 하거나 불안 증상을 보일까 봐 두려워한다.
(C)	이러한 사회적 상황이 거의 항상 공포나 불안을 일으킨다.
(D)	이러한 사회적 상황을 회피하거나 극심한 공포와 불안 속에 견딘다.
(E)	이러한 불안과 공포는 실제 사회 상황이나 사회문화적 맥락에서 볼 때 실제 위험에 비해 비정상적으로 극심하다.
(F)	공포, 불안, 회피는 전형적으로 6개월 이상 지속된다.
(G)	공포, 불안, 회피는 사회적, 직업적 또는 다른 중요한 기능 영역에서 임상적으로 현저한 고통이나 손상을 초래한다.
(H)	공포, 불안, 회피는 물질(예: 남용약물, 치료약물)의 생리적 효과나 다른 의학적 상태로 인한 것이 아니다.
(I)	공포, 불안, 회피는 공황장애, 신체이형장애, 자폐스펙트럼장애와 같은 다른 정신질환으로 더 잘 설명되지 않는다.
(J)	만약 다른 의학적 상태(예: 파킨슨병, 비만, 화상이나 손상에 의한 신체 훼손)가 있다면 공포, 불안, 회피는 이와 무관하거나 혹은 지나칠 정도다.
【수행형 단독】	만약 공포가 대중 앞에서 말하거나 수행하는 것에 국한될 때

5 몸 떨림, 안면 홍조,
식은땀 때문에 고민인가?

낯가림을 한다고 해도 그에 따른 증상은 사람마다 다르게 나타납니다.

그중에서도 사람들이 가장 신경 쓰는 증상은 '가슴이 심하게 두근거린다', '손이 떨린다', '땀을 줄줄 흘린다', '얼굴이 빨개진다'와 같은 신체 증상입니다. 이러한 증상은 다른 사람의 눈에 쉽게 띄기 때문입니다.

신체 증상은 동물이 천적을 만났을 때 보이는 반응과 같습니다. 이 반응을 '싸우느냐 도망가느냐 반응(투쟁-도피 반응)'이라고 부릅니다.

사자를 피해 필사적으로 도망치는 얼룩말은 한가하게 먹잇감을 소화시킬 겨를이 없습니다. 사바나초원에서 천적과 조우한 동물은 이길 수 있을 것 같으면 싸우고 질 것 같으면 도망가야 합니다.

그러려면 심장박동과 호흡을 빨리하고 위로 보내는 혈류를 줄여야 합니다.

사회불안증인 사람은 누군가를 만날 때 이 '투쟁-도피 반응'의 스위치가 오작동을 일으킨다고 볼 수 있습니다.

애당초 이 '투쟁-도피 반응'은 동물용입니다. 인간용으로 만들어지지 않았습니다.

사람이 천적과 만나는 곳은 사바나초원이 아니라 대인관계의 장입니다. 이때 필요한 것은 체력이 아니라 지혜와 교섭능력이지요. 상대방과 의견을 조율해야 할 때도 있고 양보해야 할 때도 있습니다.

원래대로라면 이 순간에 인간용의 '말로 상대를 꺾느냐 타협하느냐의 반응'과 같은 장치가 작동해야 마땅합니다. 뇌를 풀 가동시켜서 상대방이 어떻게 생각하는지를 순간적으로 이해하는 시스템 말입니다.

하지만 안타깝게도 사바나초원에서 벗어난 지 오래되지 않아서인지 사람에게는 동물용의 '투쟁-도피 반응'밖에 나타나지 않습니다.

게다가 신체에 나타나는 현상만 단독으로 해소시키는 일 또한 어렵습니다. 신체 반응은 혼자서 완전히 통제할 수 없기 때문입니다.

〈들어가는 말〉에서 언급했듯이 생각과 행동이 변해야 기분과 몸도 변합니다. 생각과 행동의 변화, 이것이 먼저입니다.

멀리 돌아가는 듯 느껴질지 모르지만, 서서히 효과가 나타날 것입니다.

'투쟁-도피 반응'이란?

미국의 심리학자 월터 캐넌이 1929년 제창한 신체 반응으로, 공포에 노출된 동물이 싸우거나 도망가기 쉬운 상태로 몸을 변화시키는 것을 말합니다.

스트레스를 받아 뇌 편도체가 흥분하면 불안이 엄습함과 동시에 스트레스 대처 시스템인 HPA계(시상하부, 하수체, 부신피질계)가 활발해져 교감신경이 우세해집니다.

교감신경이 작동하면 맥박이 빨라지고(가슴 두근거림), 혈압이 높아지며, 호흡이 가빠집니다(과호흡, 호흡 곤란). 근육의 혈류가 증가해 떨립니다. 위와 십이지장으로 들어가는 혈류가 감소해 위 움직임이 나빠집니다(구토 증세).

6 불안은 신체, 기분, 생각, 행동으로 나타난다

낯가림의 정체는 '불안'입니다. 불안은 원래 '기분'과 관련된 것이지만, 형태를 바꿔 '신체', '기분', '생각', '행동' 네 곳으로 표출됩니다.

각각에 대해 자세히 살펴봅시다.

신체에 나타나는 낯가림 불안

낯선 사람과 마주하면 가슴이 두근거리거나 손발이 떨리고 손과 이마, 겨드랑이에서 땀이 나며 얼굴이 화끈거리고 빨개지지 않나요? 개중에는 구토 증상이 나타나는 사람도 있고 배에서 꾸르륵 소리가 난다는 사람도 있습니다.

위 증상들은 앞서 설명했듯이 동물용 '투쟁-도피 반응' 스위치가 오작동한 결과입니다. 증상 자체는 교감신경이 흥분하면 누구에게나 일어나는 흔한 반응이지만 눈에 보이는 만큼 신경 쓰는 사람이 많습니다.

가슴 두근거림이나 배에서 나는 소리는 겉으로 드러나지 않으므로 크게 신경 쓸 필요가 없습니다.

하지만 '신체에 나타나는 불안'은 그 뿌리가 동물적 본능에 있는 만큼 네 가지 요소 중에서도 개선 속도가 가장 느립니다. 따라서 고민으로 발전할 가능성이 가장 높습니다.

기분에 나타나는 낯가림 불안

낯가림의 정체는 '불안'입니다. 앞서 설명했듯이 여러 불안 중에서도 '남에게 평가받는다는 불안'과 '남이 나를 꿰뚫어 본다는 불안'이 기분으로 표현되는 불안의 핵심입니다.

불안은 언제 일어날 일을 걱정하는지에 따라 예기 불안(미래 불안)과 상황 불안(현재 불안), 사후반추 불안(과거 불안) 세 가지로 나눌 수 있습니다.

예기 불안 - 일어나지 않은 일을 미리 걱정하는 불안입니다. 며칠 전부터 그날 일을 걱정합니다.

상황 불안 - 현재 느끼는 불안입니다. 이를테면 많은 사람 앞에서 발표할 때 그 정도가 심하든 덜하든 누구나 불안해합니다.

사후반추 불안 - 예를 들어 어떤 상황을 잘 해결했는데도 나중에 되돌아보며 실수한 것 같다고 걱정하거나, 다른 사람도 분명 자신을 나쁘게 평가했을 것이라고 상상하며 불안해합니다.

이 중 '상황 불안'은 수행 능력을 높이는 데 도움이 됩니다. 하지만 '예기 불안'과 '사후반추 불안'은 오해로 발생하기 때문에 잘못된 생각을 수정하면 불안도 감소합니다.

마음의 불안은 다른 사람에게 보이지 않기 때문에 불안하지 않은 척 연기하면 낯가림을 감쪽같이 숨길 수 있습니다. 평소 여성과의 만남을 극도로 두려워하는 사람일지라도 인형 탈을 쓰고 있으면 여성이 가까이 다가와도 전혀 긴장하지 않는 것처럼 말입니다.

생각에 나타나는 낯가림 불안

어떤 일을 할 때 '난 분명 실수할 거야'라고 단정해버리지 않나요? 사람들 앞에서 대수롭지 않은 실수를 한 것 때문에 모두에게 바보 취급을 당하고 웃음거리가 되어 평생 치욕스럽게 살 것이라고 생각한 적은 없나요? 딱 한 번 실수했을 뿐인데, 두 번 다시 만회할 수 없을 것이라고 생각하며 자책하는 일은요?

이러한 생각 대부분이 잘못된 고정관념으로, 실제로는 바보 취급을 하는 사람이 있을 수도 있고 없을 수도 있습니다.

'나를 무시한다'는 생각은 단순해서 금방 익숙해지고 사고를 정지시킵니다. 보통은 실수로 인한 손해와 도전함으로써 얻어지는 이익을 잘 저울질해서 어느 쪽이 합리적인지를 판단합니다. 낯가림이 심한 사람은 실패에 따르는 손해를 과잉 평가해 스스로에게 '잘 되지 않을 것이라는 암시'를 거는 것뿐입니다.

낯가림을 극복하기 위해서는 이 '고정관념'을 현실과 가깝게 수정하는 작업이 가장 중요합니다. 이 책의 가장 중요한 주제이기도 하지요. 이 내용은 나중에 자세히 다루겠습니다.

행동에 나타나는 낯가림 불안

모르는 사람과 만나 민망스러운 경험을 하니 그냥 만남 자체를 피해버리고 싶은가요? 친구가 부탁한 결혼식 축사를 피할 수만 있다면 피하고 싶은가요?

행동에 나타나는 낯가림이란 이처럼 불안한 상황을 피하려는 태도를 말합니다. 이를 '회피'라고 합니다.

회피해버리면 당장은 불안을 줄일 수 있지만 낯가림으로 인한 불안은 시간이 아무리 지나도 사라지지 않습니다. 오히려 회피를 반복할수록 불안감은 점점 증폭됩니다.

회피까지는 아니더라도 파티 연회장에서 다른 사람이 말을 걸지 못하도록 벽 주위만 서성거린다거나 눈이 마주치지 않도록 아래만 쳐다본다거나 손을 어찌해야 할지 몰라 담배에 불을 붙인다거나 하는 동작도 행동에 나타나는 낯가림입니다. 이를 '안전추구행동'이라고 합니다. 안전추구행동이라고 하니 조금 거창하게 들릴지도 모르겠네요.

표정을 감추기 위해 커다란 마스크를 하거나 선글라스를 끼거나 위협적인 화장과 복장을 해서 사람들이 가까이 다가오지 못하게 하는 행동도 안전추구행동에 속합니다.

낯가림을 극복하기 위해서는 지금까지 회피해온 행동을 과감히 시도해보는 일이 중요합니다.

지금까지 낯을 가릴 때 나타나는 불안의 모습에 대해 살펴보았습니다.

신체, 기분, 생각, 행동 중 기분과 신체에 나타나는 불안에 직접 대처하기는 어렵지만, 생각과 행동에 나타나는 불안은 의식적으로 바꿀 수 있습니다.

이 책의 주제는 '생각을 바꿔 행동한다'입니다. 이것이 잘 실천되면 불안이 사라지고 가슴 두근거림과 손 떨림 등이 없어집니다.

7 관찰할 것인가? 관찰당할 것인가? 시선의 방향이 문제다

앞서 낯가림의 핵심 불안은 '남에게 평가받는다는 불안'과 '남이 나를 꿰뚫어 본다는 불안'이라고 설명했습니다. 그렇다면 도대체 사람은 무엇으로 남을 평가하거나 꿰뚫어 보는 것일까요?

그 대답은 '**시선**'입니다. 사람은 눈을 통해 사물을 보고, 본 것의 가치를 판단합니다.

그뿐 아닙니다. '눈은 입보다 더 많은 말을 한다', '눈은 마음의 창'이라는 말도 있듯이 눈은 그 사람의 마음과 기분을 표현하기도 합니다. 봄과 동시에 보여지는 것, 이것이 눈의 속성입니다.

이처럼 눈에는 '관찰하다'와 '관찰당하다'라는 상반된 두 가지 기능이 있습니다. 이와 호응하는 것이 '일방적으로 관찰하는 관계', '일방적으로 관찰당하는 관계'입니다.

눈의 두 가지 기능이 조화로운 균형을 이루었을 때 비로소 '상대를 관찰하면서 자신도 관찰당하는 관계'가 성립됩니다. 연인이 서로를 바라보는 시선에는 '당신에 대해 뭐든 알고 싶어요'라는 마음과 함께 '내 모든 것을 알아주세요'라는 마음도 존재하는 것처럼 말입니다.

보호, 이해, 비판의 세 가지 시선

낯을 가리는 사람은 시선을 무척 두려워합니다. 마치 시선에 어떤 무섭고 특별한 힘이 있는 것처럼 말입니다.

시선은 크게 세 가지로 나눌 수 있습니다.

- 따뜻한 '지켜보는 시선'
- 냉정한 '이해하는 시선'
- 날카로운 '비판의 시선'

세 가지 시선에 대해 알아봅시다.

지켜보는 시선

엄마가 아기를 지켜보는 듯한 부드러운 시선을 말합니다. 아기는 엄마의 눈이 닿는 범위 안에 있으면 안심하지요. 엄마의 시선이 닿는 곳은 엄마가 팔을 크게 벌려 안아주는 품 안과 같습니다.

하지만 엄마가 보이지 않으면 아기는 울음을 터트립니다. 엄마 품에서 떨어져 갑자기 불안해졌기 때문입니다.

지켜보는 시선은 반드시 마주볼 필요는 없습니다. 옆에 나란히 서서 같은 방향을 응시하거나 등 뒤에서 감싸 안는 듯한 시선이라고 생각하면 됩니다.

이해하는 시선

이해하는 시선에는 냉정하게 사물의 본질을 꿰뚫는 힘이 있습니다.

거창하게 들릴지도 모르지만 세상을 관찰하며 보편적인 과학 원리를 밝혀내는 물리학자의 시선, 인간의 본질을 통찰하는 철학자의 시선, 예리함으로 진품과 모조품을 구별하는 미술 감정가의 시선이라고 생각하면 좋을 것 같습니다.

이해하는 시선은 꼭 필요하지만, 너무 세세한 곳까지 관찰하는 지나침은 좋지 않습니다. 아주 작은 차이에 특별한 의미를 부여하거나, 타인의 사소한 몸짓이나 표정까지 알아차리고 악의라고 간주하는 등의 행위는 본뜻과 달리 오해를 일으킬 수 있습니다.

이런 사람의 이해하는 시선은 조금 왜곡되어 있다고 말할 수 있겠지요.

사람은 다양한 필터를 통해 세상을 바라봅니다. 기쁠 때는 세상이 전부 장밋빛으로 보이는 안경을 쓰고, 슬플 때는 우울해 보이는 안경을 씁니다.

아무 색도 들어가지 않은 필터로 세상을 바라보면 좋겠지만 좀처럼 쉬운 일이 아닙니다. 그렇기 때문에 지금 쓰고 있는 안경에 어떤 필터가 끼워져 있는지를 늘 의식해야 합니다.

예컨대 무엇을 보든 나쁘게 받아들여지는 날은, '오늘 아침에 집에서 나올 때 엄마랑 말싸움을 해서 그런 거야'라고 깨달으면 눈앞의 사물을 냉정히 바라볼 수 있게 되지요.

비판의 시선

시선에는 공격하는 힘이 있습니다. 매서운 눈초리로 '노려보는' 시선이 그렇습니다.

동물은 상대를 위협할 때 무섭게 노려봅니다. 노려보는 쪽이 우위에 서며 그 시선을 받는 쪽이 상대적으로 약한 입장이 됩니다.

나비 날개 중에는 동물의 눈처럼 생긴 무늬가 많다고 합니다. 눈을 무서워하는 동물의 속성을 이용한 것이지요. 이처럼 시선에 대한 공포심은 아주 먼 옛날부터 생물의 유전자에 깊이 새겨져 있습니다.

일본의 전통극인 가부키에서는 화려한 화장과 분장 때문에 인물의 표정 변화를 거의 알아차릴 수 없지만, 노려보는 눈초리에서만큼은 생생하게 심리 상태가 전달됩니다.

요즘 '위에서 내려다보는 시선'이라는 말을 자주 쓰는데 이것은 '노려보는-노려봄을 당하는(관찰하는-관찰당하는)' 관계의 상하관계식 표현이라고 할 수 있습니다.

관찰당하는 쪽이 관찰하는 상대방에게 '그럴 입장이 아니잖아요?'라고 따지는 표현이 이 '위에서 내려다보는 시선'인 것이지요.

누가 계속 나를 빤히 쳐다본다고 생각해보세요. 좋아할 사람은 아무도 없습니다. 마치 평가받는 기분이 드니까요.

비판의 시선은 '이해하는 시선'에 공격성이 가해진 시선이라고 말할 수 있습니다. 이해의 시선이 강해지면 사람을 평가하거나 비난하거나 감시하는 무서운 시선으로 변합니다.

'비판의 시선'은 왜 잘 느껴질까?

지켜보는 시선, 이해하는 시선, 비판의 시선은 전혀 별개의 시선이 아닙니다. 느슨하지만 서로 이어져 있습니다.

'지켜보는 시선~이해하는 시선~비판의 시선'과 같은 식으로 말이지요.

비판의 시선을 받고 있다는 의식이 더 심해지면 실제로는 그런 일이 없는데도 항상 남들이 자신을 비판의 눈으로 바라보고 있다고 느끼는 피해망상이 됩니다.

TV 뉴스에서 지명수배범에 대해 보도하는 것만 봐도 마치 자기 이야기를 한다고 느낍니다. 길을 걸어도 늘 다른 사람한테 감시당한다고 생각합니다. 누군가가 대화 나누는 모습을 보면 자신을 비난하고 있다고 받아들이기도 합니다.

이는 조현병 특유의 증상이므로 제대로 된 치료가 필요합니다.

낯을 가리는 사람도 정도는 약하지만 타인의 시선을 '비판'에 치우쳐 받아들이는 경향이 있습니다. 스스로에 대한 자기평가가 낮기 때문에 타인이 자신을 부정적으로 비판할 것이라고 굳게 믿는 것이지요. 이것은 오해에 기인한 생각입니다.

자신을 향한 타인의 시선을 모두 '비판'이라고 받아들이는 습관을 자각해 의식적으로 '지켜보는 시선'이라고 받아들이도록 노력합시다. 다른 사람의 시선에 대한 공포를 수그러지게 하는 데 도움이 될 것입니다.

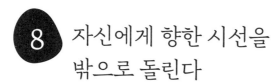

8 자신에게 향한 시선을 밖으로 돌린다

낯가림은 '시선의 병'이라고 해도 과언이 아닙니다. 낯을 가리는 사람과 그렇지 않은 사람을 나누는 기준은 시선의 방향이 어디를 향해 있는가입니다.

이 설명만으로는 조금 이해하기 어렵다고요? 지금부터 자세히 설명하겠습니다.

나의 시선이 밖을 향하고 있는지 안(자신)을 향하고 있는지는 사실 매우 중요합니다. 시선이 밖을 향해 있으면 관찰하는 쪽이 되고, 안(자신)을 향해 있으면 관찰당하는 쪽이 됩니다. 자신이 관찰하는 쪽인지 관찰당하는 쪽인지에 따라 불안의 여부가 결정됩니다.

낯가림의 공포는 관찰당하는 것에 대한 공포입니다. 즉, 관찰하는 쪽으로 입장이 바뀌면 관찰당한다는 공포는 사라집니다. 정말 단순하지 않나요?

타인에게 내가 어떻게 비춰질지가 신경 쓰인다면 시선이 안(자신)을 향해 있다는 증거입니다. 이 '자신을 향한 주의(의식)'가 낯가림의 큰 원인으로 작용합니다. 소위 자의식 과잉 상태라고나 할까요?

자신에게 주의를 기울이는 것은 타인의 눈으로 자신을 보는 것입니다. 그러다 보면 실제로는 다른 사람이 나를 쳐다보지 않는데도 남의 시선을 받고 있다고 느낍니다. 게다가 그 시선은 언제나 비판적인 시선입니다.

관찰하는 쪽과 관찰당하는 쪽을 비교하면 당연히 관찰하는 쪽이 우세합니다. 관찰하는 쪽은 관찰당하는 쪽보다 훨씬 강하기 마련입니다.

우리가 동물원의 사자를 무서워하지 않는 이유는 인간이 관찰하는 쪽이기 때문입니다. 만약 철창이 없는 사바나초원이라면 동물원에서 구경하듯 긴장감 없는 행동을 할 수는 없을 것입니다.

아무리 무서운 사람이라고 해도 매직글라스 너머로 관찰하면 아무렇지 않습니다. 반대로 누군가가 매직글라스 너머로 나를 보고 있다는 말을 들으면 실제로 아무도 보고 있지 않아도 누구나 긴장하기 마련입니다.

영화 〈양들의 침묵〉에서 FBI 훈련생 클라리스 스털링(조디 포스터)이 정신병원에 수용된 엽기 살인마이자 원래 정신과 의사였던 렉터 박사(안소니 홉킨스)를 방문합니다.

클라리스는 자신이 보는 입장이었을 때는 냉정함을 유지하지만 렉터 박사에게 자신의 과거에 대한 질문을 받자 갑작스레 공포를 느낍니다. 이것은 클라리스가 지금까지의 관찰하는 입장에서 관찰당하는 입장으로 위치가 바뀌었기 때문입니다.

이처럼 시선의 방향이 우열을 정합니다. 일방적으로 엿보는 것은 뒤가 켕기지요. 반대로 누가 엿본다고 생각하면 창피합니다. 노골적으로 보는 시선에서는 폭력이 느껴지기도 합니다. 개구리가 뱀이 노려보면 꼼짝도 못하는 것처럼 말입니다.

일방적으로 관찰당한다고 느낀다

'관찰하다-관찰당하다'의 관계를 이용해 시선의 방향을 조절하면, 상대보다 우위에 설 수 있습니다.

낯을 가리는 사람은 늘 관찰당하는 위치에 있다고 해도 과언이 아닙니다. 관찰당하는 쪽은 늘 보여지고 평가받는 입장입니다.

관찰당하는 입장에서 관찰하는 입장으로 시선의 방향을 바꾸면 내가 보는 쪽, 평가하는 쪽으로 변합니다. 콜럼버스의 달걀(또는 지동설)처럼 그저 방향만 바꿨을 뿐인데 극적으로 세상이 달라지는 것이지요. 좀 더 구체적으로 설명하겠습니다.

다음은 사고 실험입니다. 이미지를 떠올려보십시오.

머릿속으로 학교 수업 장면을 그려봅시다. 선생님이 교과서를 읽기도 하고 칠판을 보고 계산을 하기도 합니다. 당신의 신경은 선생님과 칠판에 쏠려 있습니다.

당신은 불안하지 않을 것입니다. 아직 관찰하는 쪽이기 때문입니다. 선생님 말씀이 끝났습니다. 선생님은 교과서를 보던 눈을 들어 이쪽을 바라봅니다.

'선생님이 누굴 지명할까? 나를 시키면 안 되는데. 제대로 대답하지 못할 것 같아. 이런, 가슴이 두근거리기 시작했어'라는 생각이 들며 극도의 불안이 엄습합니다. 이는 당신의 신경이 어느새 자신의 기분과 몸을 향해 돌아섰기 때문입니다. 즉, 당신이 관찰당하는 쪽이 된 것입니다.

예를 하나 더 들겠습니다.

방 한가운데 칸막이가 있고, 그 양쪽에 당신과 다른 사람(이성)이 마주보고 있다고 가정해봅시다. 그 칸막이에는 한 가지 장치가 있어서 한쪽에서만 보이게끔 조작할 수 있습니다. 또 한 가지 조건이 있습니다. 당신도 상대방도 모두 알몸입니다. 이미지가 그려집니까?

당신이 일방적으로 누군지 모르는 이성의 시선에 노출되어 있다고 칩시다. 이 상황은 죽고 싶을 정도로 수치스럽겠지요. 사실은 칸막이 너머에 아무도 없다고 해도 말입니다.

그런데 스위치가 들어오고 이쪽에서만 상대방을 볼 수 있게 되었습니다. 어떤가요? 갑자기 상황이 극적으로 변한 것처럼 느껴지지 않나요?

앞서 설명한 두 가지 예에서 알 수 있듯이 우리는 관찰하는 쪽에 있으면 창피하지 않지만 관찰당하는 쪽에 있으면 창피해합니다.

실제로는 아무도 보고 있지 않아도 관찰당하고 있다고 생각하는 것만으로 부끄러움을 느낍니다.

이는 낯가림의 불안과도 통합니다. 아무도 보지 않았다고 해도 그렇게 생각하는 것만으로 불안해지는 것입니다.

낯을 가리는 사람은 자신의 시선을 자신에게 향함으로써 마치 누군가가 일방적으로 자신을 관찰하는 것처럼 느낍니다.

따라서 당신이 낯가림으로 인한 불안을 없애고 싶다면 자신에게 향한 내향적인 시선(의식)을 밖으로 돌리면 됩니다.

그럼 이제 시선을 밖으로 돌리는 연습을 해봅시다.

9 주의 조절법 : 관찰당하지 말고 관찰한다

시선을 갑자기 밖으로 돌리는 일은 어렵기 때문에 세 단계로 나눠 진행합니다.

어깨 힘을 빼는 일도 그렇지만, 느닷없이 어깨 힘을 빼라고 해도 어떻게 하면 힘이 빠지는지 잘 모를 때가 있습니다. 이럴 때는 우선 어깨에 힘을 넣습니다. 그런 뒤 어깨를 축 늘어뜨립니다. 이것이 어깨 힘을 빼는 방법입니다. 이처럼 시선을 밖으로 돌릴 때도 시선이 안을 향하도록 하는 간단한 일부터 시작합니다.

- 1단계 자신의 신체 상태에 주의를 집중한다.
- 2단계 자신의 기분 상태에 주의를 집중한다.
- 3단계 자신의 바깥쪽으로 주의를 돌린다.

1단계 자신의 신체 상태에 주의를 집중한다

우선 자신의 신체에 주의를 집중시킵니다. 심장박동은 규칙적인가요? 호흡은 안정적인가요? 배 상태는요?

혹시라도 어렵다면 눈을 감아보세요(주의를 집중하기만 하면 됩니다. 신체 상태를 조절하려고 애쓰지 마세요. 애당초 조절하려고 해도 조절되지 않습니다).

2단계 **자신의 기분 상태에 주의를 집중한다**

다음은 주의를 자신의 기분에 집중시킵니다. 불안한지, 우울한지, 기쁜지, 초조한지…….

3단계 **자신의 바깥쪽으로 주의를 돌린다**

마지막으로 주변을 찬찬히 둘러봅니다. 눈앞에 뭐가 보이나요? 벽에는 시계가 걸려 있나요? 그 시계는 몇 시를 가리키나요? 주위에 사람은 있나요? 그 사람은 남자인가요, 여자인가요?

이런 식으로 눈앞의 상황을 묘사해봅시다.

> **마음속으로 실황 중계를 해봅시다**
>
> 여기는 카페입니다. 큰 창문이 있습니다. 벽에는 시계가 걸려 있습니다. 주위에는 남자가 5명, 여자가 1명 있습니다. 옆에 앉은 남자는 대학생 같은데, 이어폰을 끼고 휴대폰을 만지고 있습니다…….

사람들 앞에서 발표하기 전에 해두자

다음은 '실제로 발표하는 날'을 생각해봅시다.

발표할 곳에는 여유 있게 도착해 되도록 앞자리에 앉습니다. 그리고 뒤를 돌아 행사장 전체를 둘러봅니다.

다음은 어깨 힘 빼기입니다. 어깨 힘을 어떻게 빼야 할지 막막하다면 우선 어깨에 힘을 한 번 주고 축 늘어뜨립니다.

자, 이제 주의를 조절할 차례입니다.

1단계　자신의 신체 상태에 주의를 집중한다

먼저 의식적으로 주의가 자신의 신체를 향하게 합니다. 호흡과 맥박, 손발 떨림, 식은땀 등에 집중하는 것입니다. 어렵지 않지요?

그리고 '손이 떨린다, 맥박이 빠르다, 손에 땀이 난다'는 식으로 머릿속에서 말로 표현합니다. 그리고 그대로 내버려 두세요. 객관적으로 자기 신체를 관찰하기만 하면 됩니다(3초 정도).

2단계　자신의 기분 상태에 주의를 집중한다

이어서 주의를 기분으로 돌립니다. 불안하다면 불안해하는 자신을 객관적으로 바라봅니다.

불안해하면 안 된다고 초조해하거나 어떻게든 불안을 억누르려고 하지 말고 불안을 그대로 받아들이세요.

'나는 지금 불안해. 하지만 이 불안을 그대로 두려고. 곧 사라질 테니까'라고 생각합니다(3초 정도).

3단계　자신의 바깥쪽으로 주의를 돌린다

마지막으로 주의가 바깥을 향하도록 합니다. 얼굴을 들고 먼저 행사장의 가장 먼 곳을 바라봅니다. 되도록 시야를 넓혀서 행사장 구석구석까지 둘러봅니다. 밖에까지 의식이 미치도록.

그리고서 되도록 천천히 시선을 가까운 곳으로 옮깁니다.

아는 사람이 오고 있지 않나? 남자와 여자 누가 더 많지? 젊은 사람과 어르신의 비율은 어떨까? 이쪽을 보고 있는 사람은 얼마나 되지? 등을 조사합니다.

이런 생각을 하다 보면 점차 기분이 가라앉습니다. 불안을 잠재우겠다는 생각을 하지 않는 것이 중요합니다.

사람이 집중할 수 있는 주의의 양은 한정돼 있다

사람이 주의를 쏟을 수 있는 양에는 한계가 있습니다. 따라서 한창 스피치 중에 의식이 자신에게로 쏠리면 이야기에 주의를 기울일 수 없게 돼 실수할 가능성이 높습니다. 주의를 쏟을 대상은 이야기를 듣고 있는 청중입니다.

주의가 자신에게 집중되면 다른 사람의 표정이 보이지 않습니다. 사람의 표정이 보이지 않으면 당신은 멋대로 나쁜 상상을 펼쳐서 모두가 따분한 얼굴을 하고 있다는 등의 착각에 빠지게 됩니다.

한번 착각에 빠져버리면, 스스로 나쁜 평가를 내렸으면서 상대방이 그렇게 생각했다고 상대에게 덮어씌우기 때문에(심리학에서는 이를 '투사'라고 합니다), 타인이 나를 나쁘게 평가하고 있다는 잘못된 판단을 내리게 됩니다.

이 판단을 수정하기 위해서는 '내 쪽에서 상대방을 바라보는 것'이 매우 중요합니다.

기분이 안정되면 말하는 내용과 말하는 상대에게 주의를 기울이며 이야기합시다. 어디까지나 당신은 관찰하는 쪽입니다. 평소 대화를 나눌 때를 생각하면 됩니다. 스피치도 평소에 나누는 대화와 크게 다르지 않습니다.

10 냉수와 호흡으로
마음을 진정시킨다

이 장을 마무리하며 불안을 잠재우는 매우 간단한 방법을 소개하려고 합니다.

불안하면 가슴이 두근거립니다. 그런데 가슴이 두근거리면 불안도 더 커집니다. 조금 이상하다고 느낄지도 모르지만, 기분 변화가 신체에 영향을 끼치듯 신체 변화도 기분에 영향을 줍니다.

'흔들다리 효과'라고 들어본 적이 있나요?

불안정한 흔들다리를 이성과 둘이서 벌벌 떨며 건넌다고 상상해봅시다. 가슴이 두근거릴 것입니다. 다리를 다 건넌 후 두 사람에게 서로에 대한 호감도를 묻자 상대에게 호감이 생겼다고 답한 비율이 늘었습니다.

가슴이 두근거린 원인이 흔들다리 때문이 아니라 이성과 함께 있었기 때문이라고 뇌가 착각하기 때문이지요.

만약 흔들다리를 건너지 않았다면 가슴이 두근거리지 않았을 테고, 그러면 불안해할 이유도 없으며 따라서 상대에게 호감을 가질 일도 없었을 것입니다.

따라서 불안감을 없애고 싶다면 가슴이 두근거리지 않도록 억제하면 됩니다. 두근거림을 누를 수 있는 두 가지 방법이 있습니다.

- 차가운 물을 마신다.

- 천천히 숨을 내뱉는다.

이 두 가지 방법으로 두근거림이 가라앉는 것은 부교감신경이 활성화돼 맥박이 느려지기 때문입니다(자세한 내용은 53쪽 참조).

스피치를 앞두고 있거나 긴장되는 만남을 갖기 전에 차가운 물을 마시며 호흡을 고르면 도움이 됩니다.

필요할 때 바로 할 수 있는 호흡법

차가운 물은 바로 구할 수 없는 경우도 있지만, 호흡법은 언제 어디서든 가능합니다. 누구나 할 수 있는 매우 간단한 방법입니다.

① 먼저 몸을 축 늘어뜨립니다.

② 머릿속으로 '1, 2'라고 세면서 숨을 들이마시고, '3, 4, 5, 6'이라고 세면서 숨을 내뱉습니다. 이것을 여섯 번 반복합니다.

③ 일곱 번째에는 '1, 2'를 세는 동안 숨을 들이마시고, '3, 4, 5, 6, 7, 8'을 세는 6초 동안 숨을 멈추고 그후 '9, 10, 11, 12, 13, 14'를 세면서 천천히 '하-' 하고 숨을 뱉으며 몸을 축 늘어뜨립니다. 욕조에 들어갈 때 '하-' 하고 숨을 길게 내뱉는 느낌입니다.

처음에는 조금 어려울지 모릅니다. 의식해서 호흡하려니 오히려 숨이 막힌다는 사람도 있을 테지만 연습하면 익숙해지니 안심하세요.

매일 2회, 점심시간이나 휴식시간을 이용해 연습하도록 합시다. 긴장된다면 호흡법을 잊지 마세요.

호흡하면 심신의 긴장이 풀리는 이유

가슴 두근거림을 완화시키는 의학적 방법

호흡은 체성신경과 자율신경 두 가지 계통의 통제를 받습니다.

자는 동안에도 호흡이 멈추지 않는 이유는 평소에는 호흡이 자율신경에 의해 무의식적으로 제어되기 때문입니다.

한편 호흡은 의식적으로 멈추거나 빠르게 할 수도 있습니다. 이는 체성신경의 작용입니다.

이 두 가지 신경계는 보통 독립적으로 호흡 근육에 작동하지만 일부는 연계(시냅스라고 합니다)해서 서로 영향을 끼칩니다. 이 연계를 이용한 것이 호흡법입니다. 호흡에 의식적으로 변화를 줘서 자율신경계를 조절하는 방법이지요.

자율신경은 교감신경과 부교감신경으로 구성되어 있으며, 교감신경의 움직임이 활발해지면 가슴이 두근거립니다.

그래서 천천히 숨을 뱉으며 호흡을 고르면 부교감신경이 자극을 받아서 두근거림이 진정되고 몸과 마음을 편안하게 만들 수 있는 것입니다.

이 책에서 소개한 차가운 물 마시기, 천천히 숨 내뱉기도 발작성 상심실성 빈맥(맥박이 빨라지는 부정맥 질환)을 진정시키는 데 사용하는 의학적 방법입니다.

제 2 장

불편한 상황을
정리한다

1 낯가림 진단표: 나는 어떤 유형인가?

같은 낯가림이라고 해도 사람마다 힘들어하는 상황은 각기 다릅니다. 우선 **자신이 어떤 유형인지 알아봅시다.** 아래 표에 제시한 상황 중 자신이 두려워하는 항목에 '×' 표시를 하세요(복수 선택 가능). 당신이 ×표시 한 항목을 살펴보면 자신의 낯가림 유형을 알 수 있습니다.

①	스피치(피로연에서 축사를 한다, 회의시간에 의견을 말한다, 자기소개를 한다)
②	남들의 주목을 받는다(줄을 선다, 사람들 앞에서 전화한다, 레스토랑에서 식사를 한다, 모두 이미 앉아있는 방에 뒤늦게 들어간다, 공중화장실에서 볼일을 본다)
③	사람들 앞에서 글씨를 쓴다(손님에게 음료수를 내놓는다, 명함을 교환한다)
④	자신보다 권위가 높은 사람과 이야기한다(유명인, 잘 차려입은 사람, 상사 등)
⑤	낯선 사람이 많은 파티에 참석한다
⑥	이성과 단둘이 만난다
⑦	다른 사람과 눈을 맞추며 이야기한다
⑧	잡담, 수다를 떤다(미용실, 이웃과의 사귐, 엘리베이터에서 우연히 만난 지인과의 가벼운 대화)
⑨	거절(예약을 취소한다, 강매를 거절한다, 반품한다, 호텔에서 방을 바꿔달라고 요구한다, 신세 진 사람의 무리한 부탁을 거절한다)
⑩	부탁(근무시간을 바꿔달라고 부탁한다, 돈을 갚으라고 재촉한다, 유급휴가를 신청한다)

①에 체크한 사람 **스피치 공포 유형**

소위 **무대공포증이 있는 사람**입니다. 자기평가가 낮은 만큼 자신에 대한 남들의 평가도 낮다고 확신합니다. 낮을 가리는 사람 중 이 유형이 가장 많습니다.

이 유형에 속한 대부분의 사람은 스피치는 완벽해야 한다는 강박에 시달립니다. 개중에는 모두에게 인정받고 싶다는 바람 때문에 스스로 기준치를 높게 설정해놓고 힘들어하는 사람도 있고, 자신의 실력은 뛰어나지만 무대공포증 때문에 남들로부터 부당하게 낮은 평가를 받고 있다고 생각하는 사람도 있습니다.

스피치 공포 유형인 사람 중에는 드물게 자기평가가 높은 사람도 있지만, 그 자기평가가 매우 불안정합니다. 그래서 다른 사람이 조금이라도 자신을 깎아내리면 아주 크게 상처받습니다. 반대로 누군가에게 칭찬을 받으면 당장은 기뻐하지만 그 기쁨이 오래가지 않습니다.

가령 어떤 일을 잘 완수했는데도 나중에 되돌아보며 결과에 대해 스스로 트집을 잡거나 '이번에는 운이 좋았던 거고 다음에는 분명 실패할 거야'라며 애써 이룬 성공을 폄하해버립니다.

스피치 공포 유형인 사람이 두려워하는 상황

결혼식 축사, 회의시간에 의견 발표하기, 조회시간에 3분 스피치하기, 학부모 모임에서 자기소개하기, 신제품 프레젠테이션, 피아노 연주회 발표.

②·③에 체크한 사람 주목 공포 유형

다른 사람의 시선을 받으면 행동이 어색해지는 사람입니다. 이 유형인 사람도 타인의 평가를 두려워합니다. 특히 '타인의 시선'을 무서워합니다.

늘 남들이 자신을 쳐다본다고 생각합니다. 이 생각이 병적으로 심해지면 관찰망상이라는, 가끔 조현병 환자에게서 나타나는 증상으로 발전하기도 합니다. 관찰망상은 사람들이 항상 자신을 주목하거나 감시하고 있다고 느끼는 질환입니다. 물론 그렇다고 낯가림 증상이 심해지면 조현병이 된다는 말은 아닙니다.

스피치 공포 유형만큼 스스로 기대치를 높이지는 않지만, 그만큼 자기평가가 더 낮습니다. 특히 여성에게 많이 나타나는 유형입니다.

> **주목 공포 유형인 사람이 두려워하는 상황**
>
> 사람들 앞에서 전화하기, 줄 서기, 장례식장에서 향 피우기, 대기실에서 기다리기, 많은 사람이 모인 곳에 뒤늦게 들어가기, 레스토랑에서 식사하기, 접수대에서 문서 작성하기, 호텔 체크인 시 필요 사항 기입하기, 카메라 셔터 누르기, 명함 교환, 술 따르기, 손님에게 음료 내놓기.

④·⑤에 체크한 사람 기죽는 유형

'기가 죽는' 사람을 가리킵니다. 필요 이상으로 쓸데없이 무의식중에 다른 사람과 자신을 비교합니다. 자신은 남보다 열등하다고 느끼며, 자신보다 뛰어나 보이는 사람과 이야기라도 할라치면 열등한 자신이 의식돼 안절부절못해 하며 가만히 있지 못합니다.

'나처럼 가치 없는 사람과 이야기를 나누다니, 상대방은 분명 시간 낭비라고 생각할 테지? 너무 미안하다' 등의 생각을 하는 사람도 있습니다. 상대에게 받는 만큼 자신도 뭔가 대등한 보답을 해야 한다고 생각하기 때문입니다.

이런 마음은 크든 적든 누구에게나 있지만 공연히 상대는 크게, 자신은 작게 느끼기 때문에 상당한 스트레스를 받습니다.

기죽는 유형인 사람이 두려워하는 상황

권위 있는 사람, 유명인, 부자, 잘 차려입은 사람, 그 밖의 자신보다 뛰어나다고 여겨지는 사람과의 대화.

⑥·⑦에 체크한 사람 남이 나를 꿰뚫어 본다는 공포를 느끼는 유형

남들이 자신의 실체를 알아차릴까 봐 불안한 사람입니다.

짧은 대화 또는 가벼운 관계나 공식석상에서의 형식적인 대화는 그나마 괜찮지만, 일대일로 오래 이야기하는 것을 두려워합니다.

이야기가 길어져 형식적인 대화거리가 바닥나면 다소 개인적이거나 깊이 있는 이야기를 주고받게 되는데, 이 유형인 사람은 그러다 감추고 싶은 자신의 진짜 모습이 들통날까 봐 불안해합니다.

다른 사람과 눈을 맞추는 것도 힘들어합니다. 상대와 눈이 마주치는 순간 자신의 본심이 탄로 날 것 같아 무서운 것이지요.

이 유형에는 '자신의 진짜 모습'에 대한 집착이 강해서 그 모습을 영

원히 유지해야 한다고 생각하는 사람이 많습니다. 하지만 현실에는 '진짜 모습' 따위가 존재하지 않습니다. 오히려 상대가 달라지면 대응도 달라지는 것이 지극히 자연스러운 일입니다.

'꿰뚫어 본다'는 생각이 병적으로 심해지면 자신의 생각이 다른 사람에게 전달된다고 믿는 사고전파思考傳播와 자기가 생각하는 내용을 다른 사람이 알고 있다고 확신하는 사고찰지思考察知라는 조현병 증상이 나타날 수도 있습니다(반복해서 말하지만, 낯가림이 심해진다고 조현병이 되는 것은 아닙니다).

> **남이 나를 꿰뚫어 본다는 공포를 느끼는 사람이 두려워하는 상황**
> 친하지 않은 사람과 오래 대화하기, 시선이 강한 사람이나 눈을 똑바로 바라보며 이야기하는 사람과 대화하기, 데이트.

⑧에 체크한 사람 ▶ 잡담 공포 유형

가벼운 대화나 잡담이 두려운 사람입니다. 이런 사람도 의외로 많습니다.

업무 이야기라면 대화 내용이 거의 정해져 있어 괜찮지만, **잡담은 자신이 주제를 골라야 하기 때문에 곤혹스러워합니다.**

이 유형의 사람은 그냥 잡담만 나누면 되는데도 뭔가 재치 있는 이야기나 유익한 내용의 대화를 해야 한다고 생각합니다. 그래서 묘하게 진지해져서 분위기가 어색해지고 맙니다.

잡담이란 뭔가 실질적인 목적을 위한 대화가 아닙니다. 목적이 있다면 대화를 나누는 것 자체가 목적이겠지요.

내용은 무엇이든 상관없습니다. 서로 아는 사이인 두 사람이 같은 공간에 있는데 아무 말도 하지 않으면 어색하니 형식적인 대화를 나누는 것이 잡담입니다. 전혀 알맹이 없는 대화를 마치 무슨 의미라도 있는 양 나누는 것이 잡담이라고 딱 잘라 생각하도록 합시다.

물론 잡담을 좋아해서 끊임없이 새로운 화제가 튀어나오는 사람도 있습니다. 상대가 그런 사람이라면 상대에게 주도권을 넘겨주면 됩니다.

잡담 공포 유형인 사람이 두려워하는 상황

미용실이나 옷가게에서 대화하기, 엘리베이터에서 만난 사람과 가벼운 대화하기, 동료와 의미 없는 잡담 나누기.

⑨·⑩에 체크한 사람 **자기주장을 두려워하는 유형**

자신의 주장을 내세우는 일을 두려워하는 사람입니다. 자신은 가치 없는 존재라서 상대와의 관계를 잘 유지하기 위해서는 언제나 자신이 상대방 생각에 맞춰야 한다고 생각합니다.

일대일로 만나는 경우, 늘 한 발 앞서 상대방 의견에 맞추기 때문에 어떻게든 커뮤니케이션이 가능하지만, 그룹으로 만날 때는 모든 이의 의견에 맞출 수 없기 때문에 아무 말도 할 수 없게 됩니다.

이 유형에는 '거절 못하는 사람'과 '부탁 못하는 사람'이 있습니다.

- **거절 못하는 사람 → ⑨에 체크한 사람**

상대방이 기대하고 있는데 그 기대를 저버리면 상대가 기분 나빠할까 봐 불안해합니다.

거절 못하는 사람이 두려워하는 상황

예약 취소, 강매 거절, 주문 변경, 신세 진 사람의 부탁, 옷가게에서 입어만 보고 사지 않기.

- **부탁 못하는 사람 → ⑩에 체크한 사람**

자신을 위해 상대방 시간을 빼앗으면 상대에게 부담이 될 것이라고 생각하며 미안해하거나, 상대가 기분 나빠할지도 모른다며 두려워합니다.

부탁 못하는 사람이 두려워하는 상황

빚 상환 독촉, 유급휴가 신청, 업무 도움 요청, 모르는 것 가르쳐달라고 부탁하기.

지금까지 살펴본 낯가림의 유형은 다음과 같습니다.

- 스피치 공포 유형
- 주목 공포 유형

- 기죽는 유형
- 남이 나를 꿰뚫어 본다는 공포를 느끼는 유형
- 잡담 공포 유형
- 자기주장을 두려워하는 유형

이상 여섯 가지 낯가림 유형은 통계학적으로 철저히 검증된 것은 아닙니다.

스피치 공포 유형에만 해당된다는 사람이 가장 많을 것이고, 나머지는 사람에 따라 차이가 있습니다. 모든 유형에 속한다는 사람도 있겠지요. 유형은 달라도 서로 연결되어 있습니다.

유형에 너무 집착할 필요는 없지만, 자신의 성향이 어떤지 알아두는 일은 의미가 있다고 생각합니다. 성향을 알면 자신이 자주 낯을 가리는 상황을 객관적으로 바라볼 수 있으니까요.

2 자신이 두려워하는 상황 알기 ①
위에서 바라본다

낯가림 유형을 살펴보니 어떤가요? 당신은 어떤 유형인 것 같나요?

우리는 자신에 대해서는 스스로가 제일 잘 안다고 생각하지만, 의외로 그렇지 않기도 합니다. 거울이 없으면 자신이 지금 어떤 표정을 하고 있는지 알지 못하는 것처럼 말입니다.

자신에 대해 잘 알기 위해서는 자신의 시점뿐만 아니라 타인의 시점도 필요합니다. 단, 이때 **'나를 객관적으로 보는'** 작업이 중요합니다.

타인의 시점으로 자신을 볼 때, 스스로는 객관적이라고 확신할지라도 실제로는 자신만의 특유한 견해가 반영된다는 점을 잊지 말아야 합니다.

예를 들어 스스로를 쓸모없는 인간이라고 생각하는 사람은, 가령 상대가 미소를 지어도 그 미소 뒤에서 악의를 끄집어내려고 애씁니다. 다른 사람이 어떤 표정을 짓든 나쁜 점만 찾아내려고 안간힘을 쓰지요.

이러한 성향의 사람이 극단으로 치닫게 되면 신체이형장애 등의 증상으로 발전합니다. 신체이형장애란, 자신의 외모에 지나치게 집착해 객관적으로는 매우 아름다운데도 '내가 제일 못생겼어'라고 느끼며 괴로워하는 증상입니다.

그렇다면 도대체 어떻게 해야 자신과 자신을 둘러싼 상황을 객관적으로 바라볼 수 있을까요?

낯가림을 하는 사람은 늘 타인의 눈으로 자신을 바라보는데, 대체로 그 시선은 '비판의 시선'입니다. 스스로를 비판하고 그 비판을 두려워합니다.

따라서 자신을 바라보는 '비판의 시선'을 '이해하는 시선'으로 바꿔 객관적으로 바라보도록 합시다.

이를 실현하는 방법 중 하나가 '**공중**空中**의 눈**'입니다.

갑자기 '공중의 눈'이라고 하니 당황스럽나요?

공중의 눈은 간다바시 조지神田橋條治라는 정신과 의사가 『정신과 진단 면담의 비결精神科診斷面接のコツ』이라는 저서에서 언급한 방법입니다.

'공중의 눈'으로 자신을 바라본다

공중의 눈이란 방 천장에서 아래에 있는 자신과 상대방을 내려다보는 시선을 말합니다. 자신의 의식 일부를 분리시켜 공중에 띄웁니다.

당신의 뒤쪽 사선 방향 위에서 부드럽게 감싸듯이 바라봅니다. 이 시선은 온화하게 지켜보는 시선과 일맥상통합니다.

공중의 시선에서 바라보는 당신이 낯을 가리는 장면을 머릿속으로 그려보세요.

당신이 상대방 앞에서 긴장하며 갈피를 잡지 못하고 횡설수설하는 일방적인 이미지가 아니라, **당신과 상대방을 위에서 똑같이 내려다보는 장**

면입니다. 주변 환경도 포함해 되도록 구체적으로 그려보길 바랍니다.

누구와, 어디서, 무엇을 할 때, 어떻게 됐는지를 다음과 같이 적어 보는 것입니다.

- **누구와?**
  남성·여성, 젊은 사람·동년배·어르신, 많은 사람·4~5명·혼자, 친한 사람·친하지 않은 사람……

- **어디서?**
  결혼식, 회의실, 레스토랑, 스포츠센터 접수대……

- **무엇을 했나?**
  발표, 식사, 서류 작성, 데이트……

- **어떻게 됐나?**
  횡설수설했다, 손이 떨렸다, 눈 맞추기가 힘들었다, 그 자리를 피했다……

간다바시 씨는 환자와 상담할 때 '공중의 눈'을 사용했습니다. 이 방법을 사용함으로써 상대방과 관계를 맺으며 두 사람의 관계를 객관적으로 바라볼 수 있게 됐습니다.

처음에는 어렵겠지만 익숙해지면 누구나 할 수 있습니다.

익숙해지면 이 '공중의 눈'이 자신의 눈과 하나로 합쳐집니다. 물론 일반인이 그렇게까지 할 필요는 없습니다.

당신은 어떤가요?

- 누구와?

- 어디서?

- 무엇을 했나?

- 어떻게 됐나?

3 자신이 두려워하는 상황 알기 ②
스스로에게 질문한다

자신을 객관적으로 바라보는 또 한 가지 비결은, 자기 자신에게 질문하는 것입니다. 스스로에게 질문을 던지면 질문하는 쪽도 되고 동시에 질문을 받는 쪽도 됩니다. 이를 '자신을 대상화한다'고 합니다.

스스로에게 질문할 때 한 가지 주의할 점이 있습니다.

질문하는 방법에 따라서는 '나는 어째서 늘 이렇게 실수만 할까?' 하는 식으로 자신을 질책하는 질문이 될 수 있습니다.

어린 시절 시험 성적이 나쁘면 "어쩌다 이런 점수를 받은 거야?"라고 엄마에게 혼나지 않았나요? 이것은 질문이 아니라 질문의 형식을 빌린 비난입니다. 열심히 노력한 결과일 수도 있는데 이런 말을 들으면 뭐라 답해야 될지 몰라 고개만 푹 숙이게 되지요.

따라서 자기 자신에게 질문할 때는 비난의 말이 아닌 온화한 질문이 되도록 주의합시다.

질문의 예

- 어떤 상황인가요? (사람들 앞에서 전화한다, 발표를 한다, 글씨를 쓴다 등)

- 어떤 이미지가 떠오르나요? (주뼛주뼛하는 나, 식은땀을 흘리는 나 등)

- 무엇이 떠오르나요? (예전의 실패 경험 등)

- 어떤 나쁜 일이 일어날 것 같나요? (미래의 불안)

- 상대방이 어떻게 생각할 것 같나요? (상대방의 평가)

- 스스로를 어떻게 평가했나요? (스스로의 평가)

또 낯가림 상황에서도 가급적 자신을 객관적으로 바라보고자 힘써보세요. 처음에는 신체 변화에 주목하는 것이 좋을지도 모릅니다.

이때 '신체'와 '기분'은 분리하도록 합니다. '어? 손을 떠네?'처럼 신체 상태에만 집중하고 '창피해' 등의 기분과는 따로 떨어뜨려 기억하세요.

신체 변화와 기분 변화는 본래 별개이기 때문입니다.

예

두근거린다, 호흡이 가빠진다, 새파랗게 질린다, 머리가 멍해진다, 손발이 떨린다, 배에서 꾸르륵 소리가 난다, 얼굴이 빨개지고 화끈거린다.

마음 상태에 이름을 붙이는 것도 좋은 방법입니다. 이름을 붙이면 다루기가 쉽습니다. 생리가 가까워지면 예민해지는 여성이 많은데, '생리 전이니까'라고 생각하면 냉정함을 되찾을 수 있습니다.

이와 마찬가지로, '또 스멀스멀 나이 든 남자에 대한 불안이 피어오르고 있군'이라고 생각만 하는 것입니다. 불안에 이름을 붙이는 것이지요.

익숙해지면 좀 더 구체적으로 이름을 붙여보도록 합시다.

예를 들면 '별것도 아닌 자존심 때문에 생기는 불안'처럼요. 이 같은 작업을 불안을 대상화한다고 말합니다.

단계적으로 묻는다

자, 이제 낯가림 때문에 불안해진 순간의 풍경을 머릿속으로 그리며 스스로에게 질문해봅시다.

스스로에게 하는 질문의 예 ①

- 당시를 잘 떠올려보세요

  어제 패밀리레스토랑에 갔습니다. 친구 A와 함께 점심을 먹으러 갔을 때의 일입니다. 식사 후에 아이스커피를 달라고 했는데 아이스티가 나왔습니다. 아이스티를 가져온 점원은 20대 여성이었습니다. 아르바이트생인 듯합니다. 웃는 얼굴이었지만 사실은 마음씨 고약한 나쁜 사람일지도 모릅니다.

- 그때 어떤 생각을 했나요?

  원래 주문한 아이스커피로 바꿔줬으면 했지만 바꿔달라고 하면 점원이 싫어할지도 모른다고 생각했습니다. 한창 바쁜 시간이었으니까요. 진상 고객이라고 찍히면 이제 오기 힘들어질지도 모르고요. 제대로 주문하지 않은 내 잘못일 수도 있다는 생각도 들었습니다.

- 그래서 어떻게 했나요?

  바꿔달라고 말하기를 포기했습니다.

- 그 결과 어땠나요?

  내가 하는 일이 다 그렇지 뭐, 나는 늘 이런 식으로 손해를 봐, 기도 약하고 성격도 바보 같고, 하고 싶은 말을 똑 부러지게 하는 성격이면 좋을 텐데 등의 생각을 했습니다.

스스로에게 하는 질문의 예 ②

- 당시를 잘 떠올려보세요

  대학 시절 친했던 친구의 결혼식 피로연이었습니다. 피로연 장소가 친구 고향이다 보니 낯선 사람들만 있는 테이블에 앉게 되었습니다. 이야기할 사람이 아무도 없었지요. 원형 테이블이었는데, 왼쪽에 앉은 40대로 보이는 남자는 옆 사람과 대화를 나누고 있었습니다. 오른쪽에는 50대로 보이는 남자가 앉아있었습니다.

- 그때 어떤 생각을 했나요?

  아무 말도 하지 않고 있자니 너무 어색했습니다. 오른쪽에 앉은 남자는 아무하고도 이야기를 나누고 있지 않길래 내가 먼저 말을 걸어볼까 생각하기도 했지만 좀처럼 용기가 나질 않았습니다.

- 용기가 나지 않았다고요?

  '말을 걸었는데 아무 대답도 안 하면 어떻게 하지? 이야기가 계속 끊기면 어떻게 하지?' 하는 걱정이 앞섰습니다. '잘 이야기할 수 있을까? 목소리가 떨리면 창피할 텐데. 상대방이 무례하다고 생각하지 않을까?' 등 여러 상상도 하게 됐습니다.

- 그래서 어떻게 했나요?

  망설이다가 결국 말을 걸지 않기로 했습니다. 그냥 생각하는 척하거나 휴대폰을 봤습니다.

- 그 결과 어땠나요?

  간신히 시간을 보내기는 했지만 그 시간이 너무 거북하고 초조했습니다. 역시 말을 걸어볼 걸 하며 후회했습니다.

어떻게 질문하면 되는지 윤곽이 잡히나요?

방법을 알았다면 73쪽에 당신이 처했던 상황을 써보세요.

낯가림을 하는 상황은 사람에 따라 특징이 있습니다. 그 특징을 파악하면 자기 안에 있는 '합리적이지 않은 상황 인식이나 사고방식' 을 쉽게 알아차릴 수 있게 됩니다.

당신은 어떤가요?

- 당시를 잘 떠올려보세요

- 그때 어떤 생각을 했나요?

- 그래서 어떻게 했나요?

- 그 결과 어땠나요?

제 3 장

생각과 현실의
틈을 메운다

① 낯가리는 사람의
일곱 가지 사고 습관

낯가림을 할 때, 당신은 어떤 상태입니까?

'가슴이 두근거리고, 불안하고, 머리가 새하얘지고…….' 이 정도
는 기억나나요?

어쩌면 자신의 '신체'와 '기분'이 어떻게 변하는지 확실히 기억하
지 못할 수도 있습니다. 자, 이제 당신이 평소 의식하지 못한 채 자동적으로
행동하거나 생각하는 일들에 주목해봅시다.

모든 사람에게는 각각 특유의 사고 패턴이 있습니다. 생각하는 버
릇이라고나 할까요?

특유의 사고 패턴은 어린 시절 부모의 훈계나 선생님의 가르침, 교
우관계를 통해 배운 것, 사회생활을 하며 익힌 규칙, 소설과 영화 등
을 통해 알게 된 인생 지침 등이 바탕이 되어 형성됩니다.

낯가림을 하는 사람에게도 특유의 사고 패턴이 있는데, 이 사고 패턴은 잘못
되었거나 편향돼 있어 현실과는 괴리가 있습니다. 현실감이 없고 합리적이
지 않은 생각은 삶을 힘들게 합니다.

이러한 특징적인 생각을 수정해야만 낯가림을 극복할 수 있습니다.

자동적으로 단정하는 버릇을 고친다

그렇다면 낯을 가리는 사람에게 보이는 특징적인 사고 패턴은 무엇일까요?

그것은 '**단정적 사고**'입니다.

'단정적 사고'란 어떤 판단이나 생각을 믿어 의심하지 않는 것입니다. 예컨대 '나는 ○○을 하면 거의 실패해'라고 한 번 부정적인 생각을 하면 이 부정적인 믿음은 결코 흔들리는 법이 없습니다(물론 지나치게 긍정적이며 현실을 무시한 단정적 사고도 문제입니다).

오랜 기간 한 가지 생각에만 젖어 있다 보면 그것이 잘못된 생각임을 스스로 알아차리기가 힘들어집니다. 의식하지 않고 자동적으로 그렇게 생각해버리기 때문이지요.

그래서 미리 발생할 수 있는 '단정적 사고'의 종류를 머리에 넣어두고 '이 생각은 너무 단정적이지 않나?'라고 의심해보면 효과적입니다.

'이 생각이 정말 옳을까?', '타당한 이유가 있을까?', '정말 누군가가 그렇게 말했을까?' 등의 질문을 스스로에게 던져봅시다.

그럼 지금부터 대표적인 단정적 사고 일곱 가지를 살펴보겠습니다.

단정적 사고 ① **모든 일은 흑과 백으로 나뉜다(흑백논리)**

흑백논리는 모든 일을 극단적인 두 가지로 분류하는 사고방식입니다.

9·11 테러 직후에 미국 부시 대통령이 '적이냐 아군이냐'로 모든 나라를 추궁했던 것처럼 양극단적인 사고가 특징입니다.

실제로는 흑과 백 외에 다양한 농도의 회색이 존재함에도 불구하고 이처럼 두 가지로 나눔으로써 마치 흑과 백 말고는 선택지가 없는 것처럼 모두를 속입니다.

'흑백논리'를 좀 더 자세히 나누면 다음과 같습니다.

- 최고가 아니면 아무 의미가 없다: 완벽해야 한다. 중간은 없다.
- 부분→ 전체: 일부를 보고 그것이 전체라고 생각한다(일반화한다).
- 한 번→ 영원: 한 번 일어난 일이 영원히 반복된다고 생각한다.
- 특수→ 보통: 특수한 한 예를 보편적이라고 생각한다.

최고가 아니면 아무 의미가 없다

완벽하지 않으면 가치가 없다는 생각입니다.

프로에게는 이 사고방식이 중요합니다. 극한의 배팅 능력을 추구하는 야구선수라면 완벽함을 좇겠지요. '최고가 아니면 만들지 않는다'는 메르세데스 벤츠의 광고 문구가 바로 그렇습니다. 비용보다는 궁극의 품질을 추구하는 정신이라고 말할 수 있습니다.

단, 일상생활에서는 이러한 생각이 위험할 수도 있습니다.

완벽을 추구하다 보면 자연스레 최고점인 만점에서 점수를 깎는 방식으로 자신을 평가하게 됩니다. 이러한 평가 방식에는 'O점 모자라'는 비난의 말이 늘 따라다니기 마련입니다.

하지만 지극히 완벽하고 지극히 순결한 것은 머릿속에만 존재할 뿐, 현실에는 존재하지 않습니다. 세상만사 흑과 백 사이 어디쯤에 있느냐의 차이

일 뿐입니다.

단정적 사고의 예

자기소개는 완벽해야 하며 그렇지 않으면 사회인으로서 실격이다. 어린아이도 아닌데 꼴사납다고 웃음거리가 될 것이 분명하다.

부분 → 전체

일부만 보고 그것이 전체라고 생각하는 사고 패턴입니다.

사람의 어느 한 면만 보고 자상하다 혹은 차갑다고 판단해버리거나, 한 번 실수했을 뿐인데 전체가 끝장난 것처럼 느껴질 때가 없나요?

전체를 놓고 볼 때 어느 한 가지 현상은 극히 일부에 지나지 않습니다. 사람에게는 다양한 모습이 있음을 배우를 보면 알 수 있습니다. 영화 <타이타닉>만 보고 디카프리오라는 배우의 모든 것을 판단해버린다면 너무 아깝지 않나요?

단정적 사고의 예

친한 친구에게 문자를 보냈더니 성의 없는 답장이 왔다. 내가 싫어진 게 분명해.

한 번 → 영원

한 번 일어난 일(특히 나쁜 일)이 영원히 반복된다고 생각하는 사고 패턴입니다.

보자기를 내서 가위바위보에 졌다고 다음에도 보자기를 내면 진다는 법은 없습니다. 게다가 졌을지라도 다행인 상황이 있을 수도 있습니다. 인생은 한 번뿐이기 때문에 어느 쪽이 좋은지를 판단하기란 사실 불가능합니다.

> **단정적 사고의 예**
>
> 얼마 전 테스트를 볼 때 배에서 꾸르륵 소리가 나서 부끄러웠다. 이제 테스트를 볼 때마다 늘 배에서 소리가 날 거야.

특수 → 보통

특수한(곤란한) 상황에서 일어난 일인데도 '늘 같은 일이 일어난다', '그것이 당연하다'고 생각하는 사고 패턴입니다.

이를테면 요즘은 매스컴의 영향으로 일반인이 생각하는 '보통'의 수준이 예전보다 훨씬 높아졌습니다.

광고나 드라마, 영화에 출연하는 사람은 외모가 출중하고 패션도 완벽합니다. 본 방송에서는 조금이라도 시청자 클레임이 나올 것 같은 내용이나 개그 프로그램에서 먹히지 않았던 부분 등은 편집으로 잘라냅니다.

TV로만 보면, 특별히 재능이 뛰어난 사람이 특별한 상황에서 하는 특별한 행동이 마치 일반적인 모습처럼 보이는 것도 어쩌면 당연합니다.

실제 커뮤니케이션 경험이 부족한 사람은 TV 등에서 보고 들은 과장된 언행을 따라하거나 커뮤니케이션 경험이 풍부한 사람들의 이상적인 대화를 흉내 내려는 경향이 있습니다. 그렇지만 **보통 사람은 실수하는 것이 당연합니다.** 우리가 하는 대부분의 말과 행동은 애드리브이기 때문입니다.

단정적 사고 ② 자신을 부정적으로만 평가한다(- > +)

자신의 부정적인 부분이나 실수는 강조하고 간만에 거둔 성공은 '우연'이라고 여기며 자신에게 흠집을 내는 사고입니다(반대로 타인에 대해서는 좋은 면만 봅니다).

이런 사람은 해봐야 잘 안 될 게 뻔하니 실제 실패했을 때 받을 충격을 덜기 위해서라도 일찌감치 포기하는 편이 낫다고 생각합니다.

낮은 자기평가로 인해 습관적으로 스스로를 비판하며, 칭찬은 거짓말이라고 치부하는 반면 비판은 100퍼센트 진심으로 받아들입니다.

자신의 결점과 실패를 밑거름 삼아 성공하는 사람은 진정한 힘을 가진 극소수에 불과합니다. 그렇지 않은 우리 일반인은 자신의 긍정적인 면을 스스로 인정하고 칭찬해주어야 합니다.

단정적 사고 ③ **마음 상태가 현실이 된다**(마음=현실)

마음에서 일어나는 일이 현실이라고 생각하거나, 자신의 마음이 타인에게 보인다고 생각하는 것입니다.

자기계발서를 보면 '마음속으로 뭔가를 구체적으로 그리면 현실이 된다'는 메시지가 많습니다. 이 메시지가 꼭 거짓말은 아닙니다.

'발표를 망칠 게 분명해'라고 생각하면 정말로 실패하고 마는 경우가 있습니다. 이를 '예기 자기실현'이라고 합니다.

얼핏 불길한 예상이 적중한 것처럼 보이지만 실제로는 예상이 적중한 것이 아니라 불길한 예상을 함으로써 자기 자신에게 잘 안 될 것이라는 주문을 걸었을 뿐입니다.

불안하다고 해서 일이 삐걱거린다는 증거는 아닙니다. 100미터 결승을 앞둔 우사인 볼트가 극도의 긴장과 불안 속에서도 최고의 실력을 발휘하는 것처럼 말입니다.

단정적 사고의 예

많은 사람 앞에서 프레젠테이션을 하게 돼 불안하다.

→ 불안한 이유는 프레젠테이션이 어렵기 때문이야. 실패할 게 분명해. (예기 불안)

자기소개를 하는데 불안한 마음이 든다.

→ 불안하다는 건 잘 못하고 있다는 증거가 아닐까? (상황 불안)

단정적 사고 ④ **나는 타인의 기분을 읽을 수 있다**(독심술)

자신이 다른 사람의 마음을 읽을 수 있다고 생각하는 것입니다.

물론 타인의 사소한 표정을 놓치지 않고 그 사람의 생각을 읽으려는 노력은 중요합니다. 하지만 낯가림을 하는 사람은 부정적인 방향으로만 그 정확함이 예민해지는 경향이 있습니다.

그 결과 '모두 나를 쓸모없는 인간이라고 여길 거야'라는 생각이 들면서 위축되거나, 상대방에게만 맞추려고 애쓰기 일쑤입니다.

'부정적인 방향으로 남의 기분을 관찰하는 경향'은 남자보다 여자가 더 강합니다. 연인관계에서도 남자는 여자 마음을 잘 모르겠다고 하는 데 반해, 남자 마음은 훤히 다 보인다고 말하는 여자가 많습니다. 낯을 가리는 여자는 평소 생활에서도 타인의 기분을 몇 걸음이나 앞서 읽고 상대방에게 맞추려고 합니다.

참고로 많은 사람이 정신과 의사나 카운슬러가 상대의 마음을 잘 읽을 거라고 생각하지만 꼭 그렇지는 않습니다. 환자나 고객이 자신의 기분을 알아주길 바라며 클리닉을 찾기 때문에 그렇게 느껴질 뿐입니다. 자신의 병을 감추면 상대가 무슨 생각을 하는지 쉽게 알 수 없습니다.

단정적 사고의 예

내가 낯가림쟁이라는 사실을 모두 간파하고 있어. 모두 나를 커뮤니케이션 능력이 없는 무능력한 인간이라고 생각할 거야.
→ 파티에서 처음 만나는 사람에게 말을 걸지 못한다.

단정적 사고 ⑤ **나는 주위로부터 감시당하고 있다(주목의 대상)**

'모두 나에게 주목하고 있다, 내가 실수하면 모두에게 큰 불편을 준다'고 생각하는 사고 패턴입니다.

남들의 주목을 받는 일은 기쁜 한편 부끄럽기도 해서 큰 중압감에 눌리기도 합니다.

어린 시절 피아노를 배웠던 사람이나 학교 관현악부에서 활동했던 사람이라면 한 번쯤은 이런 경험이 있을 것입니다. 피아노나 관현악부 발표회는 지금까지 열심히 연습한 성과를 모두에게 보여줄 수 있는 절호의 기회입니다.

하지만 사실 진지하게 온 의식을 집중해 경청하는 사람은 관객 중 극히 일부인 가족이나 친척, 친한 친구 정도지요.

의식이 '보여지는 자신'에게 향하면 실제 상황은 눈에 들어오지 않습니다. 그저 실제보다 몇 배나 많은 사람이 모두 자기만 주목하고 있다고 느껴집니다.

그 결과 '남들은 나의 어색한 행동에 주목하고 있어' 또는 '나는 앞으로 하게 될 실수 때문에 웃음거리가 될 거야' 등의 생각이 꼬리에 꼬리를 물며 불안해집니다.

단정적 사고의 예

내가 피로연장에 들어가면 모두 일제히 나를 주목할 거야. 내 스피치가 훌륭하지 못하면 피로연 분위기가 이상해지겠지?

단정적 사고 ⑥ 사람은 '……해야 한다'(해야만 한다는 사고)

'당연히 ……해야 한다. 그렇지 않으면 비난받는다'고 생각하는 사고 패턴입니다.

'……해야 한다'는 사람을 비판하는 말입니다. 별로 친하지 않은 지인과 식사하면서 '당신은 좀 더 우아하게 먹어야 해요'라고 말하면 어떨까요? 그 말을 들은 상대방은 심하게 상처받거나 크게 화를 내겠지요.

또 '……해야 한다'는 원칙을 강조하는 말이기도 합니다. '원래는 ……해야 하지만, 현실은……' 이런 식으로 그 뒤에는 진심이 숨어 있다고 봐도 무방합니다.

낯을 가리는 사람은 겉과 속이 다르면 안 된다고 생각하는 경향이 강하기 때문에 이 점을 주의해야 합니다.

가령 '사람은 평등해야 한다'는 생각은 물론 옳습니다. 하지만 이것은 '이념'일 뿐입니다. 이념이란 이치에는 맞지만 좀처럼 실현되기 어려운 일들의 또 다른 이름이기도 합니다.

타인에게는 '……해야 한다'고 말하지 않는 대신 자신에게만 적용하는 사람도 많습니다. '……게 되고 싶다'는 목표를 가지는 것은 좋지만 '……해야 한다'고 자신을 틀에 가둬두면 삶이 힘들어집니다.

단정적 사고의 예

얼마 전에 참석한 파티에서 더 재치 있게 말했어야 했어.

단정적 사고 ⑦ 상대방이 나보다 더 가치 있다(상대 > 나)

'무조건 상대에게 맞춰야 한다, 상대방이 기분 나빠할 일을 절대로 하면 안 된다' 고 생각하는 사고 패턴입니다.

무엇이든 맞춰주는 사람은 상대방 입장에서는 뭐든 알아서 맞춰 주기 때문에 정말 좋은 사람입니다. 이런 사람은 당연히 타인의 호감을 사기 마련입니다.

서비스업은 고객의 기분을 맞춰주는 것이 일이고 그 대가로 금전적인 보상을 받습니다. 거래처를 접대하는 경우 등도 마찬가지입니다. 상대방 기분을 상하게 하면 계약을 딸 수 없으니까요.

하지만 친구관계에서는 어떨까요? 당신이 늘 상대방에게 맞추기만 한다면 대등한 관계라고 할 수 없습니다. 스스로에게 자신이 없는 탓에 '남들과 우호적인 관계를 만들기 위해서는 나를 눌러야 한다'고 생각하는 것뿐입니다.

다른 사람의 기쁨이 곧 내 기쁨이라는 말도 틀린 말은 아닙니다. 하지만 이것이 너무 일방적이라면 관계는 오래 지속될 수 없습니다. 맞춰주는 쪽의 마음에는 서서히 불만이 쌓일 테니까요.

단정적 사고의 예

A와 만날 때는 매번 불만을 들어줘야 해.

2 자신에게 유리하게 행동한다

지금까지 잘못된 사고 패턴의 대표적인 예를 살펴봤습니다.

인지행동치료의 목적 중 하나는 이처럼 편향된 사고를 정상적인 상태로 돌려놓는 것입니다.

'사고방식을 바꿔 행동'하면 '기분'도 '몸'도 바뀝니다.

- 생각을 바꾼다: 부정적 사고를 현실적·적응적 사고로 바꾼다.
- 행동을 바꾼다: 도망치지 않고 행동한다.
- 기분이 바뀐다: 불안이 줄어든다.
- 신체가 바뀐다: 몸 떨림이나 가슴 두근거림이 진정된다.

단, 사고가 긍정적으로 바뀌기만 하면 되는가 하면 그렇지는 않습니다. '그 생각이 현실에 부합하는지의 여부'가 중요합니다.

상급학교 입시를 치를 때 떨어질 것이 분명하다며 미리 뒷걸음질 쳐서도 안 되지만, 아무 근거도 없이 반드시 합격할 것이라고 굳게 믿는 것도 무모합니다.

양쪽 모두 왜곡된 단정적 사고입니다.

현실적인 사고라면, 모의시험을 치르는 등 지금의 학력을 객관적으로 판단한 뒤 지원할 학교를 정하는 것이 순서겠지요.

이처럼 우리가 어떤 행동을 할 때는 인지와 현실의 차이를 조정할 필요가 있습니다. 이를 '적응적 판단'이라고 합니다.

위험을 과대평가하는 버릇을 고친다

인지와 현실의 차이를 조정하는 예를 들어보겠습니다.

편향된 사고의 예

C(30세)는 동료 D(25세)에게 함께 식사하자고 데이트 신청을 할 생각이었습니다. 남몰래 좋아해왔으니까요. 하지만 고민 끝에 포기했습니다. C가 한 생각은 이렇습니다.

- D는 성격이 활발해서 분명 다른 일정이 많을 거야.
- 내가 식사하자고 하면 D는 불편해할지도 몰라. 동료이긴 하지만 별로 친하지 않으니까.
- D가 거절하면 창피하잖아. 만약 거절당하면 좌절감 때문에 회복이 안 될 것 같아.
- 거절당한 사실이 모두에게 알려지면 나는 회사에서 웃음거리가 될 거야.
- 업무에도 지장을 주겠지? 그럼 결국 회사를 그만둬야 될지도 몰라.

C의 생각이 완전히 잘못된 것은 아니지만, 거절당할 가능성과 그로 인해 일어날 사태에 대한 우려가 너무 과도한 것 같지 않나요?

C는 '별로 친하지 않다'는 점을 근거로 'D는 내가 식사하자고 하면 불편해할 거야'라고 생각해 데이트 신청을 포기했습니다.

하지만 사실 우리는 다른 사람의 머릿속을 이처럼 간단히 꿰뚫어 볼 수 없습니다.

만약 상대방의 생각을 알 것 같은 기분이 든다면, 자기평가가 낮다는 증거일지도 모릅니다.

현실적인 예상은 다음과 같지 않을까요?

> **현실적인 예상**
>
> - 식사 권유에 응할지 어떨지는 둘째 치고라도 예의 바르게 권했는데 화를 내는 사람은 많지 않습니다.
> - 만약 선약이 있어서 거절한다면 대부분의 사람은 미안해합니다.
> - 아무리 봐도 마음이 없는 것 같다면 포기하면 그만입니다.
> - 함께 식사하자고 했을 뿐인데 상대방이 크게 상처 입을 정도로 매몰차게 거절하는 사람은 좀처럼 없습니다.
> - 너무 무례하게 권한 경우 '왜 나를?'이라며 순간 경계하는 표정을 지을 수는 있습니다.

냉정하게 판단하면, 가령 거절당한다고 해도 두 사람의 관계가 데이트 신청을 하지 않았을 때보다 나빠지리라는 보장은 없습니다.

만약 위와 같은 지극히 일반적인 반응이 두렵다면 당신은 '단정적 사고 ⑦ 상대방이 나보다 더 가치 있다'는 편향된 사고에 빠져있을지도 모릅니다.

편향된 생각에 빠져 자기 멋대로 나쁜 상상을 하며 그 상상을 두려워하고 있을 뿐입니다.

상대방에게 역할을 부여한다

2010년 일본 국립사회보장·인구문제연구소가 실시한 조사에 의하면, 미혼 남성 중 결혼 상대가 있는 사람이 1.8퍼센트, 연애 상대가 있는 사람이 22.8퍼센트였습니다. 즉, 여자 친구가 있는 사람은 4명 중 1명에 불과했습니다.

마음에 드는 여성과 연애를 하기 위해 거쳐야 하는 첫 관문은 데이트 신청입니다.

만일 상대가 수락했다고 해도 이번에는 데이트를 무사히 마쳐야 한다는 장애물이 기다리고 있습니다.

데이트를 하는 동안 '내가 그녀를 리드해야 하지 않을까?' 하는 부담감과 함께 불안도 커집니다.

불안이라는 것은 하나가 사라지면 또 하나가 나타나는 법입니다.

불안과 마주할 때마다 내 안에 '잘못된 단정적 사고'가 없는지 의심해봅시다.

대부분의 경우 잘못된 단정적 사고가 장애물의 높이를 더 키웁니다.

이를테면 당신은 '상대를 즐겁게 해주어야 한다'는 편향된 사고 패턴에 사로잡혀 있지 않나요? 혹시 그렇다면 이 생각을 '함께 즐거운 시간을 보낸다'고 바꾸어보세요.

거래처와의 회식에서처럼 일방적으로 상대방 마음을 살펴야 하는 자리가 아니니, 상대에게도 먹고 싶은 음식과 가고 싶은 곳을 정할 기회를 주는 등 역할을 부여해서 함께 생각하는 편이 훨씬 좋습니다.

함께 행동하는 것, 이것이 중요하니까요.

낯가림을 하는 사람은 되도록 장애물 높이를 낮추는 방법을 강구합시다.

3 차선책을 택한다

지금부터는 어떤 일이 일어났을 때 상황을 받아들이는 태도를 현실에 맞게 수정하는 연습을 해봅시다. 먼저 한밤중에 잠이 깬 A와 B의 사고 패턴의 차이를 살펴봅시다.

> A: '어떡하지? 이대로 잠이 안 들면 내일 힘들 텐데.'
>
> B: '잠이 안 드네. 이대로 잠이 안 들면 내일 일정에 영향이 있을 테니까 할 일을 지금 해두면 내일 좀 편하겠지?'

처한 상황은 같지만 A는 잠이 오지 않는다며 몸부림치다가 결국 뜬눈으로 아침을 맞이한 반면, B는 해야 할 일을 밤중에 끝내고 다음 날은 여유롭게 보낼 수 있었습니다.

이처럼 상황을 어떻게 받아들이느냐에 따라 각기 다른 반응이 나타납니다. 이 경우 B의 수용 자세가 현실적이고 합리적이라고 말할 수 있습니다.

물론 마음먹은 대로 잠이 들 수 있다면 만족도는 가장 높을 것입니다. 하지만 그 외의 선택지가 모두 최악인가 하면 꼭 그렇지는 않습니다.

원하는 선택지를 고를 수 없을 때 '다른 선택지도 괜찮아'라고 생각하는 태도는, 이솝우화 〈포도와 여우〉에서 '손이 닿지 않는 포도는 분명히 신 포도일 거야'라고 억지를 부리는 여우의 심리와 비슷하게 보일지도 모릅니다.

하지만 그렇지 않습니다. 손에 넣지 못했다고 해서 그 가치를 깎아내릴 것이 아니라, 부당하게 낮게 인식하고 있는 다른 선택지의 가치를 원래 상태에 가깝게 끌어올리는 것이 바람직합니다.

객실 승무원을 훈련시킬 때 부정적인 말은 적극 피하도록 가르친다는 이야기를 들은 적이 있습니다.

예를 들어 퍼스트클래스 손님이 와인을 부탁했는데, 그 와인이 다 떨어져 없는 상황이라고 가정해봅시다. 이때 "마침 오늘 와인이 다 떨어졌네요"라고 말하지 않고, "고객님, 오늘은 특별한 와인이 준비되어 있습니다. 혹시 괜찮으시다면 시음해보시겠어요?"라고 다른 선택지를 제시합니다.

객실 승무원은 이 훈련을 통해 '언뜻 별로라고 생각한 선택지였는데 해보니 꽤 좋았다'고 깨달을 수 있습니다.

뒤에 제시한 수용 자세를 참고해보길 바랍니다. 또 당신이라면 어떻게 생각했을지도 고민해보십시오.

수용 자세를 바꾸는 예

· 남자친구에게 차였다.
  → 슬프지만 그 시간들 덕분에 성장할 수 있었다.

· 진급에서 떨어졌다.
  → 시간적인 여유가 생겼으니 공부도 하고 동아리 활동도 더 열심히 해보자.

· 상사가 자신 없는 업무를 맡겼다.
  → 이번 기회를 통해 자신감이 생길지도 모른다.

· 병으로 입원했다.
  → 인생에 대해 생각하는 다시없는 기회가 됐다.

4 인지 재구성 ①
피로연에서 축사를 한다

지금부터는 실제로 구체적인 장면을 가정해, 현실과 낯가림을 유발하는 편향된 생각 사이에 존재하는 괴리를 조정하는 연습을 해봅시다.

앞서 설명한 '대표적인 단정적 사고 습관'을 살펴보고 그 버릇을 수정하는 것입니다.

행동하기 전, 현실에 비해 과도하게 부정적이거나 긍정적인 판단을 하는 것은 좋지 않습니다. '누구에게나 불안은 있어. 뭐 어떻게든 되겠지' 정도의 건전한 낙관주의가 적당하겠지요.

대표적인 단정적 사고 습관

① 흑백논리(모든 일은 흑과 백으로 나뉜다)

- 최고가 아니면 아무 의미가 없다(완벽하지 않으면 가치가 없다)
- 부분 → 전체(일부를 보고 그것이 전체라고 생각한다)
- 한 번 → 영원(한 번 일어난 일이 영원히 반복된다고 생각한다)
- 특수 → 보통(특수한 한 예를 보편적이라고 생각한다)

② - > +(자신을 부정적으로만 평가한다)

③ 마음=현실(마음 상태가 현실이 된다, 내 마음이 타인에게 보인다)

④ 독심술(나는 다른 사람의 마음을 읽을 수 있다)

제3장 생각과 현실의 틈을 메운다

⑤ 주목의 대상(나는 주위로부터 감시당하고 있다)

⑥ 해야만 한다(사람은 마땅히 '…해야 한다'고 생각한다)

⑦ 상대 > 나(상대방이 나보다 더 가치 있다)

자, 이제 문제 상황으로 들어가 봅시다. 친구가 당신에게 결혼식 축사를 부탁했다고 상상해보세요.

피로연 3개월 전

당신은 친한 친구의 결혼식 피로연에서 친구들을 대표해 축사를 해 달라는 부탁을 받았습니다. 피로연은 3개월 후입니다. 되도록 구체적으로 상황을 떠올려보세요.

"있잖아, 긴히 부탁할 게 있어. 실은 좋은 사람이 생겨서 곧 결혼할 것 같은데, 친구들 대표로 네가 축사를 해줬으면 좋겠어. 학생 때부터 줄곧 축사는 너한테 부탁해야겠다고 생각해왔거든. 해줄 수 있지? 하객은 100명 정도 예상하고 있고, 장소는……."

축사 부탁을 받다니, 영광스러운 일이기는 하지만 한편으로는 사람들 앞에서 스피치 할 생각에 불안해지고(기분), 심장이 두근거릴지도 모릅니다(신체).

이럴 때를 대비해 매일 미리미리 **호흡법**(52쪽)을 연습해두면 좋습니다.

연습해둔다고 해서 호흡법 효과가 완벽하지는 않습니다. 기분과 신체 불안은 자동적으로 발생하기 때문에 완벽하게 조절하기는 어렵습니다.

막상 그때가 돼도 나아지지 않을 때는 무리해서 진정시키려 하지 말고 그냥 내버려 둡니다. 손이 떨린다면 '손이 떨리네' 정도로만 생각하고 뭔가를 하려고 애쓰지 마세요.

더구나 아직 3개월이나 남았잖아요. 일어나지도 않은 일을 걱정해 봤자(=예기 불안) 문제가 해결되지 않습니다. 그럴 바에야 구체적으로 대책을 세워 실행하도록 합시다. 그럴 시간은 충분합니다.

이제 축사 부탁을 받았을 때 당신은 어떤 '생각'을 했는지 기록해 봅시다.

브레인스토밍 기법으로 다섯 가지 이상 떠오르는 대로 써보세요.

> **당신은 어떤가요?**
>
> - 축사 부탁을 받았을 때 든 생각
>
>
>
>
>
>
>

당신 머릿속에는 이런 생각이 떠오르지 않았나요?

수정 전 생각

이런, 어쩌지? 횡설수설할 게 뻔해. 스피치는 완벽해야 하잖아(①). 다른 사람은 떨지도 않고 당당하게 잘만 하던데(②) 나만 늘 이 모양이야(③). 목소리가 이상해지고 손발이 떨리고 식은땀이 나고, 그러다 점점 더 불안해져서 머릿속이 새하얘지면서 할 말을 잊어버리겠지? 창피당할 게 뻔해(④). 뒤에서 내 흉을 볼지도 몰라(⑤). 아프다고 거짓말하고 당일에 취소할까?

이번에는 대책입니다. 떠오른 생각들이 '단정적 사고 습관'에 해당하지 않는지 체크해봅시다. 그리고 이러한 잘못된 사고 습관을 수정해봅시다.

수정 후 생각

① **스피치는 완벽해야 한다**(흑백논리, 해야만 한다)
   → 완벽하지 않아도 된다.

② **다른 사람은 떨지 않고 당당하게 말한다**(독심술, 상대>나, 마음=현실)
   → 겉으로 당당해 보인다고 해서 그 사람이 진짜로 떨지 않는지는 알 수 없다.

③ **나만 늘 이 모양이야**(상대>나, 흑백논리)
   → 타인과 비교하지 않는다. '늘'이라는 것은 없다.

④ **사람들 앞에서 창피당할 게 뻔해**(독심술, 마음=현실)
   → 창피를 당할지(=다른 사람들이 이상한 사람이라고 생각할지) 어떨지 알 수 없다. 상상이 꼭 현실로 이루어지라는 법은 없다.

⑤ 뒤에서 내 흉을 볼지도 몰라(독심술, 마음=현실)

→ 남들에게 바보 취급을 당한다는 보장은 없다. 미래는 아무도 모른다.

그리고 또 하나, **취소는 안 됩니다.**

낯가림을 극복하기 위한 절호의 기회를 그냥 날리는 꼴이기 때문입니다. 잘하지 못해도 괜찮습니다. 무조건 도전해보세요.

피로연 당일까지

축사 부탁을 받은 날부터 부담감 때문에 머릿속이 혼란스럽습니다. 마치 가슴에 납덩이 하나가 떡하니 들어앉은 듯합니다. 게다가 이 잿빛 덩어리는 날로 커지기만 합니다.

그래서일까요? 음식 삼키기가 힘들어지더니 좀처럼 식욕도 없습니다. 무엇을 먹어도 맛이 느껴지지 않습니다. 숨을 쉬어도 쉬어도 여전히 공기가 모자란 느낌입니다.

축사 생각에 잠 못 드는 날이 이어지고 있습니다. 이불 속에 들어가 눈을 감으면 축사 당일의 광경이 떠오릅니다. 겨우 잠들어도 꿈속에서 축사하는 장면이 이어져 깜짝 놀라 깰 때도 있습니다. 그야말로 자나 깨나 온통 축사 생각뿐입니다. 어떻게 하지? 진짜 도망가 버릴까? 하는 생각을 하는 사이 드디어 축사를 해야 하는 날이 밝았습니다.

축사 직전

당신은 친구 여섯 명과 함께 테이블에 앉아있습니다.

자, 드디어 다음이 당신의 축사 차례입니다.

기분과 신체의 불안은 그대로 받아들입시다. 불안은 자연스러운 현상입니다. 적당한 불안과 긴장은 수행 능력을 높여줍니다.

매일 연습해온 '호흡법(52쪽)'을 계속합니다.

"자, 이어서 ○○님의 축사가 있겠습니다. ○○님은 신부의 가장 친한 친구로서……." 마침내 사회자가 당신을 소개합니다.

양옆에 있는 친구 A와 B가 작은 목소리로 "화이팅!"이라고 응원해주었습니다. 당신은 엉겁결에 의자에서 일어서 마이크까지 걸어 나갑니다. 마이크가 있는 곳까지는 현기증이 날 정도로 멀어 보입니다.

저곳까지 과연 걸어갈 수 있을까? 모두의 시선이 나를 주목하고 있어. 다리가 떨리는 것도 다 보이겠지? 당신의 머릿속은 지금 어떤 생각으로 가득 차 있나요?

당신은 어떤가요?

- 축사하기 직전의 생각

이런 생각을 하지 않았나요?

수정 전 생각

모두에게 불안해하는 모습을 들키고 말았어. 아, 정말 창피해. 난 모자란 인간이야(①). 절대로 잘할 수 없어(②). 내가 나를 조절할 수 없는걸. 축사를 멋지게 해서 좋은 인상을 줘야 하는데(③). 웃음거리가 되고 바보 취급을 당할 거야. 이상한 사람이라고 생각하겠지? 어른이 이 정도 사교술도 없냐고 비웃을지도 몰라(④). 최악이야. 다 나만 보고 있다고 생각하니까 얼굴을 들 수 없어(⑤). 가슴이 터질 것 같아서 숨을 쉴 수도 없고, 얼굴이 굳어서 웃을 수도 없어.

이번에는 생각을 수정해봅시다.

수정 후 생각

① 모두에게 불안해하는 모습을 들키고 말았어. 아, 정말 창피해. 난 모자란 인간이야(마음=현실, 흑백논리)

→ 불안은 보이지 않으며 불안감은 누구에게나 있다. 불안감을 느낀다고 해서 모자란 인간은 아니다.

② 절대로 잘할 수 없어(흑백논리)

→ 해보지 않으면 알 수 없다. 비슷한 상황에 처했지만 어떻게든 발표를 완수해낸 경험(성공 경험)이 과거에도 있을 터. 그럼에도 실패를 확신하는 마음이 가시지 않는다면, 나중에 트집을 잡아서 성공을 부정하는 유형의 사람이다.

---

③ 축사를 멋지게 해서 좋은 인상을 줘야 하는데(흑백논리, 해야만 한다)

→ 완벽을 추구하지 말자. 확실히 판정할 수 없는 것을 목표로 삼지도 말자. 다른 사람이 어떤 인상을 받을지 알 수 없으며 사실 굉장히 말을 잘하고 있을지도 모른다.

④ 웃음거리가 되고 바보 취급을 당할 거야. 이상한 사람이라고 생각하겠지? 어른이 이 정도 사교술도 없냐고 비웃을지도 몰라(독심술, 흑백논리)

→ 다른 사람의 기분은 알 수 없다. 모두 같은 생각을 하는지의 여부도 마찬가지다. 그 자리에 서 있는 것만으로 대단하다고 생각하는 사람이 있을지도 모른다.

⑤ 다 나만 보고 있다고 생각하니까 얼굴을 들 수 없어(주목의 대상)

→ 모두가 나에게 얼마나 집중하고 있는지는 얼굴을 들어서 확인해봐야 알 수 있다. 주의가 밖을 향하도록 관찰하는 입장이 되면 불안은 줄어든다. (대책: 주의 조절법)

축사 도중

당신은 말하기 시작했습니다. 그때의 모습을 머릿속에 그려보세요.

앉아있는 사람들에게 시선이 향하지 않도록 아래를 보거나 위를 보면서 말하고 있지 않나요? 청중이 당신을 바라보며 당신을 부정적으로 평가하고 있다고 느낍니다. 기분과 신체의 불안이 절정에 달해 머리가 새하얘집니다.

'주의 조절법(47쪽)'을 사용해 주의를 밖으로 돌립시다. 당신을 비판적으로 바라보는 사람이 많지 않음을 알 수 있을 것입니다. 스피치가 서툰 사람은 아주 많으니까요.

당신은 타인의 시선을 상상하고 있을 뿐입니다. 의식을 온통 자신에게만 집중시킨 채 주변을 잘 보지 않고 있기 때문에 실태를 잘 파악하지 못할 뿐입니다. 주의를 밖으로 돌려보세요.

응원하는 친구들의 마음을 생각하며 신랑신부에게 직접 말을 걸 듯 이야기를 해도 좋습니다. 또는 신랑신부와 관련된 에피소드를 행사장에 모인 사람들에게 전해주는 것처럼 해보면 어떨까요? 친구와 비밀 이야기를 나누듯 말하는 것도 한 방법입니다.

축사 직후

축사가 끝났습니다. 당신은 원래 자리로 돌아갔습니다. 어떤 생각이 드나요? 상상해보세요.

> **당신은 어떤가요?**
>
> · 축사 직후의 생각

다음과 같이 생각하지 않았나요?

수정 전 생각

역시 잘 못했어(①). 모두가 이상하다고 생각했을 거야(②). 목소리도 가늘어
지고 손도 떨렸어(③). 완전 망했어. 이렇게 엉망인 축사는 또 없겠지? 최악
이야.

생각을 수정해봅시다.

수정 후 생각

① 역시 잘 못했어

→ 불안감에 떨긴 했지만 이만하면 합격이야.

② 모두가 이상하다고 생각했을 거야

→ 다른 사람의 생각은 알 수 없을뿐더러 다 달라. 좋게 본 사람도 있을 거야.

③ 손도 떨렸어

→ 손 떨림은 사람들이 잘 알아차리지 못해(이건 나중에 비디오로 확인해보
세요). 손을 떨었다고 해서 실패한 건 아니야. 손 떤 것과 축사는 별개지.

수고하셨습니다.

5 사람들 앞에서 발표하는 장면을 상상해본다

그럼 이번에는 피로연 이외의, 실제로 당신이 겪을 법한 대중 앞에서 말하는 상황을 가정해봅시다.

앞으로 스피치를 해야 할 예정이 있다면 그것에 대해, 예정이 없다면 '친목 식사 자리에서의 자기소개' 등 친근한 상황을 설정해 시뮬레이션 해봅니다.

예정이 없더라도 자기소개는 몇 가지 패턴을 미리 만들어놓으면 요긴합니다.

이때 청중을 향한 당신의 태도도 정해두면 좋습니다. 부담 없이 친근하게 말할지, 자신의 주장을 정열적으로 피력할지 정하는 식으로 말입니다.

> **상황 설정의 예**
>
> 10월에 있을 학교 운동회에서 학부모 대표로 개회 인사말을 하게 됐다. 학생들에게 직접 말을 걸듯 이야기하면 좋을 듯하다.

다음 쪽에 당신이 할 법한 생각, 행동, 증상을 기입한 뒤 현실적인 예상으로 수정해보세요.

이번에는 상황 도중에 나타나는 증상과 생각, 행동에 대해서도 생각해봅시다.

당신은 어떤가요?

시뮬레이션 해봅시다

- 설정

- 상황 며칠 전
  신체, 기분, 생각, 행동

- 상황 직전
  신체, 기분, 생각, 행동

- 상황 도중
  신체, 기분, 생각, 행동

- 상황 직후
  신체, 기분, 생각, 행동

피로연 축사를 멋지게 성공하는 비결

축사 성공 여부는 준비 단계에서 결정된다

여기서 잠깐 인지행동치료에서 벗어나 결혼식 피로연 축사를 성공적으로 마무리하는 비결에 대해 알아보겠습니다. 준비를 충분히 하면 피로연 당일에 느끼는 불안이 확 줄어듭니다.

마이크 앞에 서면 가장 먼저 천천히 숨을 들이마시고 들이마신 숨을 천천히 내뱉으며 깊게 인사를 한 뒤 다시 숨을 들이마시며 몸을 세웁니다. 들이마신 숨을 내뱉는다는 느낌으로 크게 소리 내봅니다.

몸과 마음은 서로 연관이 깊어서 큰 소리를 내면 자신감이 생깁니다. 조금 거친 표현일지 모르지만 인간은 상당 부분 기계에 가깝습니다.

반대로 자신 있는 사람은 큰 소리를 내지 않아도 됩니다.

숨을 천천히 뱉으며 인사를 하고 숨을 들이마시며 몸을 일으킨 뒤 그 숨을 다시 뱉으며 "결혼 축하합니다"라고 말하면 됩니다. 이것도 여러 차례 연습해둡니다.

식장 전체를 둘러보며 숫자 8을 크게 옆으로 그린다는 느낌으로 시선을 천천히 옮겨가며 이야기합시다.

"사람들 앞에서 말하는 걸 별로 좋아하지 않지만……"이라고 처음부터 전제를 깔아두면 창피함을 감추려는 마음이 다소 감소합니다. 하지만 되도록 "말을 잘 못해서……" 등의 말은 하지 않는 편이 좋습니다.

사람이 어떤 예상을 하면 무의식적으로 그 예상이 실현되는 방향으로 몸과 마음이 움직여서 실제로 예상이 맞을 확률이 높아진다는 실험 결과가 있습니다. 이를 과학적으로는 예상의 자기실현이라고 합니다.

당연히 불안하겠지만 '자신만만하게 발표하는 자신'을 떠올리며 이야기해봅시다. 마음이 진짜 덜덜 떨릴지라도 괜찮습니다. 두근두근 긴장은 되지만 자신만만한 척해보세요.

스피치는 들어가는 말, 중간 내용, 마무리 말 세 단계로 이루어집니다.

보통 첫 문장이 제일 긴장되는 법입니다. 여기서 막히지 않도록 첫 문장은 몇 번이고 연습해 외워둡시다. 첫 문장이 술술 나오면 나중은 훨씬 편합니다.

처음: "결혼 축하합니다. 고등학교 시절 ○○와 같은 반이었던 ○○○입니다."

또 마무리 말도 연습이 필요합니다. 이야기의 착지점이 보이지 않으면 멋지게 마무리하기 어렵습니다. 끝날 것 같으면서 끝나지 않는 이야기는 듣는 사람도 애가 탑니다. 이야기가 길어지지 않도록 반드시 주의하세요.

마지막: "두 사람이 오래오래 행복하기를 기도합니다."

이 정도가 무난하지 않을까요?

중간 내용은 조금 길게 준비합시다. 당신 앞 사람과 에피소드가 중복될지도 모르니까요.

에피소드 다섯 개를 준비해서 다섯 개를 다 말하려 하지 말고, 그중 세 개 정도 말하면 성공이라고 생각합시다.

아무래도 말할 내용을 잊어버릴 것 같다면 스피치 내용을 종이에 써 가는 것도 방법이지만 그다지 추천하고 싶지는 않습니다. 쓴 내용을 보며 사람들 앞에서 자연스럽게 이야기하는 일은 프로 아나운서의 일입니다. 사실 아마추어가 소화하기란 꽤 어렵습니다.

또 종이를 읽으려고 얼굴을 숙이다 보면 주위가 보이지 않게 됩니다. 주위가 보이지 않으면 의식이 자신에게 집중돼 남들에게 관찰당한다는 느낌이 강해져 더 긴장하게 됩니다.

말할 내용에는 축사 내용을 한 마디로 표현하는 타이틀을 붙입니다. 타이틀을 종이에 써서 보면서 말하는 연습을 합니다.

타이틀은 이미지가 분명히 떠오르는 구체적인 것이 좋겠지요.

또 신랑신부와 관련된 에피소드라면 그 정경을 머릿속으로 그리며 묘사하듯 이야기하면 말이 막히지 않습니다.

말로만 외워두려고 하면 쉽게 잊어버리기 때문에 말과 영상 모두를 외우는 방법입니다. 이 기술을 적극적으로 활용한 형태가 그림일기 방식과 파워포인트입니다.

'그림일기 방식'이란 영상으로 외워두고 그것을 머릿속으로 그리면서 이야기하는 방법입니다. 비즈니스에 익숙한 사람은 파워포인트를 사용해도 좋겠지요. 슬라이드는 다섯 장 정도가 좋습니다.

6 인지 재구성 ②
혼자 파티에 참석한다

다음은 혼자 파티에 참석하는 패턴입니다.

파티에 가는 목적이 단순히 참석에만 있다면 대중 앞에서의 발표보다 쉬울지도 모릅니다. 처음 만나는 사람과 대화해야 하는 괴로운 상황은 피해버리면 되니까요.

이 말은 곧, 도망갈 곳이 있는 만큼 극복해야겠다는 의지가 약해질 가능성이 높다는 뜻이기도 합니다.

실제로 클리닉에 상담하러 오는 사람들 대부분은 대중 앞에서의 발표를 앞둔 사람들입니다.

다만, 대중 앞에서의 발표보다는 처음 만나는 사람과 어떻게 하면 자연스럽게 대화할 수 있을까 하는 문제로 고민하는 사람이 현실에는 더 많지 않을까요?

그럼 이번에는 당신이 낯을 가리는 요코 씨를 연기해주세요. 남성 독자도 여성이라고 생각하고 연기해보세요.

• 요코 씨의 프로필

요코 씨는 32세입니다. 금융기관에서 창구 업무를 맡고 있습니다. 학교 졸업 후 이 회사에서 일하기 시작했습니다. 가장 큰 고민은 긴장하면 손발이 떨리는 증상입니다. 특히 사람들 앞에서 글씨 쓰는 일이 고역입니다. 그래서 접수 창구에서 이름을 써야 하는 상황을 극도로 기피합니다. 신용카드를 만든 적도 없고 자주 이용하는 서점의 회원 카드도 없습니다.

초면인 사람과의 대화나 잡담도 두렵기는 마찬가지입니다. 특히 상대가 남성일 경우 더 긴장합니다. 남성공포는 예전부터 고쳐야 한다고 생각하고 있지만 막상 이야기를 나눠야 하는 상황이 되면 다리가 얼어붙어 뒷걸음질 치기에 바쁩니다.

파티에 초대받다

당신(요코 씨)은 오늘 파티에 갑니다. 다양한 직종의 사람이 모이는 사교 파티입니다. 지인이 꼭 같이 가자고 해서 거절할 수 없었습니다.

그런데 정작 당신을 초대한 지인은 급한 일이 생겨 오지 못한다고 합니다. 당신은 지인이 기분 상해할까 봐 당신도 가지 않겠다는 말을 차마 하지 못했습니다. 한편 타인에게는 한없이 관대한 당신은 당일에 취소 연락을 해온 지인에게 괜찮다고, 신경 쓰지 말라고 말합니다.

티켓 환불이 불가능해서 당신은 어쩔 수 없이 혼자 파티에 가야 합니다. 꽤 비장하게 각오를 다져봅니다. 낯가림을 고치고 싶다는 생각은 당신도 오래전부터 해왔으니까요.

- 단정적 사고 수정

당신은 이유도 없이 늘 상대방 의향에 자신을 맞춥니다(상대 > 나).

권유를 거절하면 상대가 기분 나빠할 것이라고 생각합니다(독심술).

또 상대방 기분을 거스르면 두 사람의 관계가 다시는 회복되지 못할 것이라고도 생각합니다(흑백논리, 한 번 → 영원).

이는 모두 머릿속 생각에 불과합니다.

당신에게도 타인과 똑같은 권리가 있습니다. 타인과 커뮤니케이션을 할 때 나만 일방적으로 상대방에게 맞출 필요는 없습니다. 정말 가고 싶지 않다면 친구의 권유를 거절해도 됩니다(이 '자기주장'에 대해서는 제5장에서 자세히 설명하겠습니다).

그러나 친구에게 등을 떠밀린 꼴이기는 하지만 파티에 가게 된 것은 좋은 일입니다. 사실 이런 참견을 좀 해주는 친구의 존재도 매우 중요합니다.

파티에 가다

파티 장소는 시티호텔입니다. 시간을 들여 꼼꼼히 화장을 했습니다. 민낯을 감추면 마음이 조금 편해지거든요.

평소에는 콘택트렌즈를 끼지만 혹시 몰라 도수 없는 안경을 가방에 넣어두었습니다. 안경으로 표정을 감출 수 있겠다는 생각이 들었기 때문입니다.

• 안전추구행동이란?

화장이나 안경은 있는 그대로의 자신을 감추는 수단입니다. 이처럼 자신의 진짜 모습을 감추기 위한 행동을 안전추구행동이라고 합니다.

여성에게 화장은 너무 일상적인 일이라서 화장을 하지 않는 편이 오히려 특별하다고 생각할지도 모릅니다. 하지만 화장은 원래 남들에게 자신을 포장하기 위한, 말하자면 있는 그대로의 모습을 감추기 위한 수단입니다.

물론 예쁘게 화장을 하고서 자신감을 장착하고 파티에 가는 것은 좋은 일입니다.

하지만 자신을 감추는 행동이 심해지면 커다란 선글라스에 마스크, 모자까지 쓰는 변장 수준이 돼 버려서 되레 더 눈에 띄는 경우도 있습니다.

파티장 엘리베이터에서

호텔에 도착했습니다. 12층에 있는 파티장으로 올라가려고 엘리베이터를 탔습니다. 그런데 잠시 멈춘 2층에서 엘리베이터에 탑승하는 같은 회사 부장님을 우연히 만났습니다.

부장: "어, 요코 씨! 이런 곳에서 다 만나네?"

당신: (어머, 어떡해. 하필 이런 데서 만나다니. 이럴 땐 뭐라고 해야지? 어…… 회사 이야기를 해야 되나?) "아, 네, 부장님은 퇴근하는 길이세요?" (아차!)

부장: "뭐? 오늘은 토요일이잖아. 여기 위 레스토랑에서 모임이 있거든. 오늘 무슨 행사라도 있나?"

당신: (맞다, 오늘은 쉬는 날이지.) "네, 뭐, 그러니깐……, 친구 권유로 모임에 가게 돼서……." (파티에 간다고 하면 안 어울린다며 속으로 비웃겠지?)

부장: "재미있겠네. 친구라면……, 동료?"

당신: (말은 저렇게 해도 분명 내 표정이 굳은 걸 눈치 챘을 거야.) "아뇨, 네, 혼자……." (앗, 뭐야…… 또 바보처럼. 아까 친구랑 같이 간다고 했으면서. 거짓말쟁이라고 생각하겠지. 회사에도 나쁜 소문이 돌 테고…….) "……거짓말 아니에요……."

( ) 안은 당신의 마음의 소리입니다. 당신은 도중에 엘리베이터에서 내렸습니다. 도저히 바로 파티장에 들어갈 기분이 아니었습니다.

• **잡담 공포를 다스리는 방법**

개인적으로 별로 친하지는 않지만 안면이 있는 사람이나 상사 등을 엘리베이터 혹은 화장실에서 만나면 어색합니다.

뭔가 재치 있는 말을 해야 한다는 생각에 사로잡혀 있기 때문이 아닐까요?

이런 상황에서 필요한 대화는 시시콜콜한, 그저 시간을 때울 만한 것이면 됩니다. 아무 말도 안 하고 있으면 어색하니까 형식적으로 대화하는 척만 하면 되는 것이지요.

화제는 '더워졌네요', '비가 많이 오네요', '지난번에는······', '요즘은······' 등 가벼운 이야깃거리로도 대화를 충분히 나눌 수 있습니다.

상대방의 위치가 더 높은 경우에는 주도권을 상대에게 맡기고 물어보는 말에 대답하기만 해도 좋습니다.

또 지하철이나 대기실 등에서 만나 함께 있는 시간이 조금 길어질 듯하다면, 계속 이야기를 해야 한다는 강박에서 벗어나도록 합시다. 처음에만 잠깐 이야기하고 화젯거리가 떨어지면 잠시 이야기를 멈췄다가 마지막에 조금 이야기하면 됩니다.

중요한 것은 잠깐이라도 이야기를 나눔으로써 상대와의 긴장을 푸는 일이지 이야기 내용이 아닙니다.

표면적인 대화를 잠시 나눴다고 해서 상대가 당신의 생각을 꿰뚫어 보는 일은 결코 없으므로 안심해도 됩니다.

파티장 접수대에서

파티장 입구 접수대에서 서류를 기입해달라는 요구를 받았습니다. 명찰 제작을 위해 필요하다고 했습니다. 여기가 당신의 첫 번째 관문입니다.

겨드랑이 밑으로 식은땀이 흐르고 얼굴이 굳어지고 손이 부들부들 떨리기 시작했습니다. 어떻게 겨우겨우 기입을 마쳤습니다.

파티장에는 이미 사람들이 모여 있었습니다. 주최자가 막 인사를 하려던 참입니다. 식장은 일순 조용해졌습니다.

식장에 들어서자 모두가 자신을 쳐다보고 있다는 느낌에 눈에 띄지 않도록 고개를 숙이고 들어갔습니다.

파티장은 넓고 자신이 다른 사람의 이목을 끌 만큼 튀지 않는다는 사실을 알고 있으면서도 말이지요.

• 손 떨림 대책

'사람들 앞에서 글씨를 쓰면 손이 떨린다'고 호소하는 사람이 적지 않습니다.

떨림을 억누르기 위해서는 호흡법을 사용합시다.

그래도 손이 떨린다면 '손이 떨린다'고 객관적으로 바라보며 그대로 떨도록 내버려 둡니다.

단, 손 떨림이 너무 심해 신경이 쓰인다면 베타차단제 등의 약이 효과적입니다(178쪽 참조). 베타차단제는 일반 약국에서는 취급하지 않습니다. 병원 상담 후 처방받도록 합시다.

스탠딩 파티장에서

파티장을 휙 둘러보니 편하게 이야기할 만한 사람이 보이지 않습니다. 아는 사람이 있긴 하지만 다른 사람과 재미있게 이야기하는 중이라서 그 속에 끼기가 힘들어 보입니다.

아무와도 이야기를 나누지 않고 테이블에 있으면 소심해서 말도 못 거는 사람이라고 생각할까 봐 음식을 몇 번이나 가지러 갑니다.

하지만 음식을 접시에 담기만 할 뿐 먹을 자신이 없습니다.

아무도 말을 걸어주지 않는 불쌍한 사람이라고 동정받기 싫어서 당신은 주위에 무관심한 듯 행동합니다. 뭔가를 골똘히 생각하는 척하거나 휴대폰을 만지작거리며 검색하거나 스케줄을 확인하는 척하기도 합니다.

사실 당신은 눈이 큰 매우 매력적인 여성입니다. 당신만 그렇지 않다고 생각할 뿐이지요.

그런데 어떤 멋진 남성이 한 손에 잔을 들고 당신에게 다가옵니다. 당신은 낯선 사람과의 대화가 두렵습니다. 상대가 멋진 남성일 경우 더더욱요.

남성의 등장

쇼지: "안녕하세요, 쇼지라고 합니다."

당신은 당황해 어찌할 바를 모릅니다. 얼굴이 굳어져 잘 웃을 수도 없습니다.

쇼지: "파티에 자주 오시나요?"

이러한 상황이 되면, 당신은 '사실 나 같은 사람이랑 이야기하고 싶지 않을 거야. 예의상 말을 거는 것뿐이야'라고 생각합니다.

그리고 초조해져서 말이 빨라집니다. 상대방과 눈을 마주치지도 못합니다. 당황하면 머리가 새하얘져서 아무 말도 할 수 없게 되거나 반대로 활발한 척을 하느라 상황에 어울리지 않는 말을 하기 일쑤입니다.

당신: "아, 네……. 아, 아니요……. 처음이에요." (바보 아냐? 지금 무슨 말을 하는 거야.)

쇼지: "그래요? 저도 처음이에요. 이야기를 좀 나눠도 될까요?"

당신: (앗, 큰일 났다. 숨쉬기가 힘들어. 목도 막히고. 무슨 말을 해야지? 이상한 사람이라고 생각할지도 몰라. 땀도 나기 시작했어.) "……네, 하세요." ('하세요'가 뭐야? 이름을 말해야지.)

쇼지: "저는 자동차 세일즈를 하고 있어요. 주최자인 다카하시 씨와는 지난달에 한 세미나에서 알게 됐고요. 다양한 직종의 사람이 모이니까 와보라고 해서 참석했어요. 당신은 성함이……?"

당신: (얼굴이 화끈거려. 분명 얼굴이 새빨개졌을 거야.) "아사나기 요코입니다." (분명 나한테 괜히 말을 걸었다고 생각하겠지?)

쇼지: "아사나기 씨는 다카하시 씨와 어떤 관계세요?"

당신: "친구가, 아니 지인이 갑자기 못 오게 돼서, 제발 대신 가달라고 부탁을 해서……. 저 같은 사람한테 말 걸어주지 않아도 괜찮아요. 고맙습니다. 죄송합니다." (아, 역시 오는 게 아니었어.)

- **주눅 들지 않는 방법**

여러모로 뛰어나 보이는 사람이 당신에게 관심을 보이면 '그럴 리 없어. 뭔가 착각일 거야', '저 사람은 나를 배려한 것뿐이고 사실은 시간 낭비라고 생각할 거야', '형식적으로 상대해주는 거지 진짜 내 모습을 알면 관심이 싹 사라질걸?' 등의 생각을 한 적은 없습니까?

이러한 생각들은 잘못된 단정적 사고임을 깨달읍시다. 상대방은 당신에게 프러포즈하는 것이 아닙니다. 그저 대화를 하고 싶을 뿐입니다.

- **꿰뚫어 본다는 생각을 없애는 방법**

타인과 잡담을 나눌 때 뭔가 재치 있는 말을 하려고 애쓰면 장벽이 높아집니다. 지극히 평범한 세상 돌아가는 이야기부터 시작합시다.

상대방이 화제가 풍부한 사람이라면 상대방 말을 귀 기울여 들어줍니다. 자신의 이야기를 잘 들어주는 사람은 환영받습니다. 당신도 상대방이 어떤 사람인지 파악한 뒤 이야기를 이어가면 무방비로 자신을 드러내는 일에 대한 공포감이 줄어들 것입니다.

또 자신이 어떻게 보여지고 있는지가 아니라 상대방이 어떤 사람인지에 관심을 돌립니다. 주의 조절법을 사용하는 것이지요.

파티는 당신이 지금까지 몰랐던 사람과 알게 되고 새로운 지식을 얻기 위한 장일 뿐, 그 이상도 그 이하도 아니라고 생각합시다.

자신의 패턴을 기록해 대책을 세운다

낯을 가리는 사람은 괴롭고 두려운 상황에 놓이면 기분과 몸에 변화가 나타납니다. 그때 어떤 생각을 했는지, 어떤 행동을 취했는지 기록해봅시다.

그리고서 필요한 대책을 강구하면 훨씬 편해지겠지요.

당신은 어떤가요?

- 불편한 상황에서 어떻게 행동했나요?

- 불편한 상황에서 어떤 생각이 떠올랐나요?

- 어떤 대책이 필요할까요?

소심한 생각을 극복하는 다섯 가지 방법

1. 자신을 숨기지 않는다.

2. 재치 있는 말을 하려고 애쓰지 않는다.

3. 상대가 특별하다는 생각을 버린다.

4. 상대에게 관심을 가진다.

5. 먼저 말을 건다.

7 낯가림 극복 리스트

당신이 여태껏 낯가림 때문에 하지 못했던 일들을 다음 쪽에 기록해
봅시다. 도전해보고 싶은 리스트입니다.

> **리스트의 예**
>
> - 단골집 또는 자주 가는 바(레스토랑, 초밥집)를 만든다.
>
> - 혼자 영화를 보러 간다.
>
> - 카운터 자리에서 옆 사람과 가볍게 이야기를 나눈다.
>
> - 미용실 디자이너에게 원하는 헤어스타일 사진을 가져가 그대로 해달라
>   고 주문한다.
>
> - 자동차 대리점에서 시승해보거나 옷가게에서 옷을 입어본다.
>
> - 소개팅을 한다.
>
> - 친구를 집에 초대한다.
>
> - 친구에게 빌려준 돈을 갚으라고 말한다.
>
> - 야근을 거절한다.
>
> - 보험 등의 계약을 철회한다.
>
> - 친구의 의견과 다른 의견을 말한다.
>
> - 쇼핑에 같이 가달라고 부탁한다.

- 처음 만나는 상대나 상사와 식사를 한다.

- 자신보다 나이가 많은(또는 나이가 어린, 이성) 친구를 만든다.

- 전철에서 자리를 양보한다.

- 파티에서 처음 만나는 사람에게 말을 건다.

이 밖에도 뭐든 상관없습니다. 과정을 즐길 수 있는 일이라면 더욱 좋겠지요.

당신은 어떤가요?

- 앞으로 해보고 싶은 것

제 4 장

자신감이 생기는
행동을 한다

1 낯가림을 극복하려면 기본이 중요하다

이제 구체적으로 행동을 바꿀 차례입니다. 불편한 대인관계 상황에 놓였다고 가정하고 낯가림이 발생하는 메커니즘을 짚어봅시다.

상황 정보가 뇌에 전달되면 잘못된 생각이 떠올라 몸과 마음이 불안해집니다. 이 불안이 더욱 잘못된 생각으로 이어지면서 불안은 계속 증가합니다. 악순환의 고리에 빠지게 되는 것이지요.

행동을 회피하거나 안전추구행동을 하면 그 당시에는 불안감이 감소하겠지만 효과는 오래가지 못하며, 낯가림은 더 악화될 뿐입니다.

낯가림의 메커니즘

① 계기(동료와의 잡담 등이 생각대로 되지 않았다)

↓

② 잘못된 생각 I (단정적 사고 → 다음에도 마찬가지일 거야)

↓

③ 몸과 마음이 쉽게 불안해진다(두근거림, 떨림 등)
　　주의가 자신을 향한다

↓

④ 잘못된 생각 II (단정적 사고 → 내 불안한 마음을 들킬 거야)

↓

⑤ 회피(안전추구행동 → 실패가 두려워 잡담을 피한다)

이를테면 아래와 같은 사례를 자주 목격합니다. 낯가림 메커니즘의 ①~⑤에 대입하며 읽어보세요.

낯가림이 심해지는 생각과 행동 사례

퇴근길, 역 플랫폼에 들어서는 순간 회사 동료가 지하철을 기다리는 모습이 눈에 들어왔습니다.

당신은 평소 아무 생각 없이 잡담을 나누어야 하는 상황을 두려워합니다. 무슨 말을 하면 좋을지 머리가 멍해지기 때문입니다. 뭔가 재치 있는 말을 하려고 애쓰다가 오히려 긴장해서 횡설수설하기 일쑤입니다. 예전에도 그런 적이 있습니다(①). 언제나 이런 식이지요(②).

가슴이 두근거리고 숨쉬기가 힘들어지면서 불안감도 커집니다. 이런 모습을 보이면 상대방은 내가 긴장하고 있다는 사실을 한눈에 알아차릴 것입니다(③). 나이도 먹을 만큼 먹은 사회인이 가벼운 잡담도 못한다고 바보 같은 녀석이라고 생각할 것이 뻔합니다(④).

동료는 커뮤니케이션 능력도 뛰어나고 모두에게 인기 있는 사람인데, 나는 마치 자의식 과잉 상태인 중학생 같습니다. 괜히 아는 척을 해서 어색한 시간을 보낼 바에는 차라리 지하철을 한 대 보내는 편이 좋겠다고 판단했습니다(⑤).

낯가림을 고치려면 이 낯가림을 악화시키는 순환을 끊어내야 합니다. 지금까지 배운 내용을 실행해봅시다. 당신이 할 일은 매우 단순합니다.

- 신체 불안 대책 → 호흡법으로 두근거림을 진정시킨다.

- 기분 불안 대책 → 주의를 밖으로 돌린다.

- 생각 불안 대책 → '잘못된 단정적 사고'임을 알아차린다.

- 행동 대책 → 도망치지 않는다.

2 # 실행 가능한 작은 목표를 세운다

낯가림이 나으려면 무슨 일이 있어도 도망치지 않고 그 자리를 지키는 것이 가장 중요합니다.

'낯가림과 싸운다'고 하면 너무 거창하게 들리나요? 하지만 그렇지 않습니다.

낯가림 극복에 필요한 것, 그것은 바로 지금의 상태를 변화시킬 용기입니다.

처음에는 아무것도 하지 않아도 됩니다. 그저 그 자리에서 불안이 지나가기를 기다립시다.

불안은 영원히 계속되지 않습니다. 절정이 지나면 원래 상태로 회복됩니다. 15분만 있으면 가슴 두근거림이 진정될 테니 걱정하지 마세요.

낯가림을 극복함으로써 얻게 되는 여러 긍정적인 효과를 구체적으로 생각하면 도망가지 않고 자리를 지키는 데 큰 도움이 됩니다.

이를 위해 구체적인 행동 목표를 세워둡시다.

되도록 구체적으로, 달성 여부를 확실히 판단할 수 있는 목표가 좋습니다. 목표를 세울 때는 다음 세 가지에 주의합시다.

- '상대방에게 좋은 인상을 준다', '상대방에게 호감을 산다'와 같은 독심술을 사용해야 하는 목표는 세우지 않는다.
- 목표 성취 여부는 '흑백논리'가 아닌 '몇 퍼센트 성취'로 판단한다. '이번에는 목표의 80퍼센트를 성취했다'는 식으로 말이다.
- '불안해하지 않는다' 등 직접적으로 조절할 수 없는 목표는 세우지 않는다.

조금 불안할지라도 행동하는 것이 중요합니다.

대중 앞에서 말하는 경우라면, 다음과 같이 작은 목표를 세워나갑시다.

- 자리를 피하지 않고 자기소개를 한다.
- 말하는 동안 5명과 3초 이상 눈을 맞춘다.
- 도입과 마무리 부분에서 실수하지 않는다.
- 준비한 세 가지 화제 중 두 가지를 말한다.

실수가 낯가림을 가볍게 한다

낯가림이 심한 사람은 괴로운 상황을 극복함으로써 얻게 되는 많은 이익보다도 자신의 마음에 상처가 나지 않는 쪽을 선택합니다.

물론 '낯가림이 없어지면 좋을 텐데'라고 막연하게 생각하겠지요. 하지만 가능할지 불가능할지 모르는 불확실한 미래보다는 지금 당장 마음을 지키는 편을 우선적으로 생각합니다.

한 번 기회를 잃으면, 그 기회로 파생될 무수히 많은 가능성의 싹까지 잃게 될지도 모릅니다. 실로 인생에는 사소한 만남이 기회가 되어 크게 꽃을 피우는 일이 참으로 많습니다.

당신이 낯을 가린다는 사실을 다른 사람이 알게 되면 당신 체면에 조금 흠집이 날지도 모릅니다. 하지만 그렇다고 당신의 진짜 인격에까지 상처가 나지는 않습니다.

실패로 인해 표면적으로는 마음에 상처가 났을지 모르지만 그만큼 당신의 마음은 씩씩해집니다. 즉, 낯가림이 가벼워진다는 의미입니다.

한 번도 성공하지 못했던 사람이 열 번 도전한 끝에 한 번이라도 성공한다면 큰 전진입니다. 조금씩이라도 좋으니 이 확률을 올려봅시다. 세 번 해서 두 번 성공한다면 대성공입니다.

3 자기효능감: 스스로 뭔가 할 수 있다고 믿는 자신감

다이어트에 성공하면 좋아하는 옷을 입을 수 있게 되듯, 낯가림이 없어지면 만남의 범위가 크게 넓어집니다.

당신은 낯가림이 사라지면 무엇을 하고 싶나요? 어떤 만남을 원하나요? 목표로 하는 인생이 있나요?

업무상 얻게 되는 장점도 많을 것입니다. 취미 활동의 폭도 넓어지고, 친구나 연인이 생길지도 모릅니다.

이처럼 미래에 대한 기대와 원하는 일을 실현시키기 위해서는 **자기효능감**이 중요합니다.

자기효능감이란 캐나다의 심리학자 앨버트 반두라가 제창한 이론으로 '결과 기대'와 '효능 기대' 두 가지로 나뉩니다.

- **결과 기대**
- **효능 기대**

첫 번째 '결과 기대'란 어떤 일이 실현됨으로써 얻게 될 것들을 머릿속으로 추측하는 과정입니다. '다이어트에 성공하면 자신 있게 수영복을 입을 수 있어'라는 생각이 여기에 해당합니다.

'결과 기대'가 구체적일수록 실현 가능성이 높아집니다.

두 번째 '효능 기대'는 결과를 얻기 위해 요구되는 행동을 얼마나 잘 해낼 수 있는가와 관계가 깊습니다. 이를테면 '주식 투자는 잘 될 거야'라는 생각을 예로 들 수 있습니다. 대부분의 사람이 은행에 전 재산을 맡겨두는 것보다 투자하는 것이 좋다고 생각은 하지만 행동으로 옮기지 못하는 이유는 투자가 잘 되지 않을 것이라고 추측하기 때문입니다.

이처럼 생각을 실제 행동으로 옮기는 데는 '효능 기대'가 매우 중요합니다.

'결과 기대'와 '효능 기대'를 모두 갖춘 사람은 자기효능감이 단단한 사람입니다.

자기효능감이 높은 사람은 자신이 남들보다 능력과 지식이 뛰어나며 타인에게 도움이 되는 존재라고 생각합니다.

어떤 일이 닥치든 잘 해낼 수 있다고 믿기 때문에 마음먹은 대로 망설임 없이 도전하며 결과가 불분명해도 크게 두려워하지 않습니다.

또 최종적으로 결과가 좋으면 된다고 믿기 때문에 실패를 거듭해도 크게 연연해하지 않고 오히려 실패를 통해 배운다고 생각합니다.

자기효능감에는 반드시 확실한 근거가 필요하지 않습니다.

어떤 의미에서 자기효능감이란, 근거 없는 자신감이라고 말할 수 있을지도 모르겠습니다.

다른 사람의 도움을 받는다

자기효능감을 높이려면 물론 실제로 행동해 성공 체험을 쌓는 것이 가장 좋습니다.

하지만 누구에게나 첫발을 내딛는 일은 두려운 법이지요.

이때는 **성공한 사람의 이야기를 듣는 것**도 큰 도움이 됩니다. 잘하는 사람의 방법을 흉내 내도 좋고, 이미지 트레이닝을 해도 좋습니다. 물론 이 책을 활용하는 것도 한 방법입니다.

그런데 여기에는 한 가지 문제가 있습니다.

낯을 가리는 사람은 다른 사람에게 배우는 것을 부끄러워하는 결벽증 비슷한 구석이 있습니다.

'내 지금 상태 그대로 승부를 봐야 한다'고 생각하거나 '남의 도움을 받아 성공하면 그건 진짜 성공이 아니야'라고 스스로에게 말합니다. 자신감이 없는 사람일수록 '진짜 나'에 집착하는 경향이 있는 듯합니다.

게임 세계와는 달리 현실은 종합적인 능력을 평가하는 세계입니다. 반드시 규칙에 따라 이상적인 경쟁이 이루어지는 곳이 아니라는 말이지요.

이기기 위해서는 수단과 방법을 가리지 않아야 한다고 말하면 악착같이 들릴지도 모르지만, 누구의 도움을 받든 결과만 내면 인정받는 세계라고 해도 사실 틀린 말은 아닙니다.

이 핑계 저 핑계 대며 싸움을 피하는 사람은 현실 세계에서 원하는 삶을 살 수 없습니다.

'남의 도움 따위 필요 없어'라는 생각은 버립시다. 도움을 구한다는 것은 상대방을 인정한다는 뜻이기도 합니다.

'괜찮아, 어떻게든 될 거야'라고 믿으며 등을 밀어주는 사람이 있으면 정말 마음이 든든하지 않을까요? 잘하지 못해도 격려해주는 사람이 있다고 생각하면 실패도 그다지 무섭지 않을 것입니다.

부모님과 친구, 동료, 상사, 남자친구, 여자친구, 카운슬러, 누구라도 좋으니 응원해줄 사람을 찾아보세요.

그러려면 삶의 피난처로 삼고 있던 자존심의 일부를 버릴 용기가 필요할지도 모릅니다.

성공 기억을 저장한다

자기효능감을 높이는 또 한 가지 방법은 잊고 있던 성공 체험을 구체적으로 떠올려보는 것입니다.

지금까지 줄곧 실패만 했다고 생각하는 사람은 오로지 실패만 기억하는 사람입니다. 실제로는 성공한 적도 많을 텐데 거기로는 눈을 돌리지 않습니다.

고등학교 입학시험에 합격한 일, 학교 달리기 시합에서 일등 한 일, 처음 친구를 사귀었을 때의 기쁨, 영업해서 첫 계약을 성사시켰을 때의 뿌듯함, 아이가 태어났을 때의 감동, 자전거를 탈 수 있게 됐을 때, 트럼펫에서 소리가 났을 때, 글짓기로 칭찬받았을 때 등 이러한 사실을 차곡차곡 기억해두면 자신감으로 연결됩니다.

4 자기평가를 높이는 행동

자신감이 없으면 행동할 수 없습니다. 그런데 행동하지 않으면 자신감도 생기지 않습니다. 그야말로 악순환이지요.

공황장애의 메커니즘도 이와 같습니다.

공황장애란 엘리베이터나 고속도로 정체 등 자유가 제한된 상황에서 가슴이 두근거리고 호흡이 곤란해지면서 죽을 것 같다는 불안감에 휩싸이는 질환(이를 '공황 발작'이라고 합니다)으로 꽤 많은 사람에게서 나타납니다.

공황장애는 두려운 상황 등에서 맨 처음 발작이 일어나면 또 발작이 일어나지 않을까 하는 자기암시에 빠지고, 이 자기암시로 인해 공황 발작이 더 빈번해집니다.

이 악순환 때문에 발작이 일어날 것이라는 확신이 굳어져서 공황장애 증상이 더 심해집니다.

결과를 예측할 수 없는 일을 한다

낯가림도 공황장애와 똑같습니다. 어떤 행동을 회피하면 다음 행동도 회피하게 되는 악순환이 계속됩니다.

즉, 행동하지 않는 자신을 정당화시키고 싶은 마음에 나는 할 수 없다고 암시를 거는 것입니다. 이 악순환을 어떻게든 잘라내야 합니다. 그러려면 무엇이든 좋으니 첫발을 떼야 합니다.

'반드시 잘 된다는 보장이 있으면 할 텐데'라고 말하는 사람이 있는데, 어떤 일이든 해보지 않으면 결과를 알 수 없습니다.

〈캐치 미 이프 유 캔〉이라는, 레오나르도 디카프리오가 천재적인 사기꾼을 연기한 할리우드 영화가 있습니다. 이 영화에서 디카프리오의 아버지 역을 맡았던 크리스토퍼 월켄이 소개하는 일화(에피소드)가 있습니다.

크림으로 가득 찬 양동이에 생쥐 두 마리가 떨어졌습니다. 한 마리는 어차피 아무도 구해주지 않을 거라며 일찌감치 포기하고 바로 빠져 죽었습니다. 그러나 나머지 한 마리는 결과를 미리 생각하지 않고 필사적으로 헤엄치며 빙빙 돌았습니다. 그 결과 어떻게 되었을까요?

포기하지 않았던 생쥐의 크림은 골고루 잘 섞이면서 단단한 버터가 되었고, 결국 생쥐는 빠져 죽지 않고 양동이에서 기어 나올 수 있었습니다.

어떤 결과가 나올지 예측할 수 없더라도, 무엇이든 해봐야 다음 행동도 나옵니다. 아무것도 하지 않는 것보다 훨씬 낫습니다.

이를 위해서는 자신을 믿어야 합니다. 능력에는 한계가 있지만 자신을 사랑하는 마음에는 한계가 없습니다. **행동을 위해 필요한 것은 자신을 사랑하는 것,** 즉 자신을 믿겠다는 각오입니다.

생각과 행동 사이에는 장벽이 존재하는데, 그 장벽은 결코 낮지 않습니다. 장벽을 넘으려면 반드시 용기가 필요합니다. 저도 원래 이런 정신론을 별로 좋아하지 않지만, 가끔은 이러한 정신론도 유용한 것 같습니다.

행동하게 되면 어떤 선순환 구조가 어떻게 만들어지는지 아래를 살펴봅시다.

행동하면 선순환이 일어난다

- 응원해주는 사람을 찾는다.
- 지금까지의 성공 체험을 떠올린다.
- 자신을 믿는다.

↓

할 수 있을 것 같다고 생각한다. (효능 기대)

↓

행동함으로써 얻게 되는 좋은 일들을 상상한다. (결과 기대)

↓

행동한다.

↓

자기평가가 높아진다.

↓

행동한다.

↓

자기평가가 더욱 높아진다.

↓

선순환이 계속된다.

자신을 받아들이는 간단한 연습

'사람은 우리에게 일어난 일 때문이 아니라, 그 일을 어떻게 받아들이느냐에 따라 고통을 받는다.' 고대 그리스 스토아학파의 철학자 에픽테토스의 말입니다.

인지행동치료법도 에픽테토스의 말과 같은 생각에서 출발합니다.

우리에게 일어나는 모든 일을 받아들이는 태도와 사고법을 바꾸면 불안이 줄어듭니다.

그리고 불안을 느끼는 대상으로부터 도망치지 않고 결단하고 행동하면 여태껏 하지 못했던 일이 가능해집니다.

불가능했던 일이 가능해지면 자신에 대한 부정적인 생각이 수정되면서 자신감이 생기고 불안이 줄어들며 또 다른 행동으로 이어집니다.

인지행동치료법은 이처럼 '생각을 바꿔 행동함'으로써 스스로를 변화시키는 방법입니다. 지금까지의 설명처럼 도망치지 않는 것, 주의를 밖으로 돌리는 것, 왜곡된 사고방식을 고치는 것이 중요합니다.

그리고 또 한 가지, 지금부터는 '자신을 받아들이는' 연습을 해봅시다.

① 거울로 자신을 관찰한다

낯을 가리는 사람 중에는 거울 보기를 싫어하는 사람이 있습니다. 이러한 사람은 낯가림 증상이 조금 심한 경우입니다.

여기서 더 심해지면 앞서 언급한 신체이형장애라고 불리는 질환으로 발전합니다. 예전에는 사춘기망상증이라 불리는 중증 대인공포증의 한 종류로 분류되었습니다.

중증 질환까지는 아니더라도 낯가림을 하는 사람 중에 거울 속 자신의 모습을 받아들이지 못하는 사람이 있습니다. 이런 사람은 거울에 비친 자신의 모습에 스스로에 대한 나쁜 평가를 덧씌워 바라봅니다. 머릿속 자신의 이미지가 왜곡되어 있을 가능성이 높습니다.

여기서 잠깐 한 가지 실험을 해보겠습니다. 사고 실험입니다. 되도록 자세하게 상황을 상상해보세요.

> 당신은 '나는 이상한 사람입니다'라고 쓰인 커다란 마스크를 하고 있습니다. 이 마스크를 하고 거리를 걸어 다닙니다.
> 당신은 창피함 탓에 시선을 아래로 떨구겠지요.
> 사람들 시선이 따갑게 느껴질 정도입니다. 거리의 모든 사람이 당신을 보고 속닥거립니다.

자신이 죄인이라고 굳게 믿고 있으면 실제로 그렇지 않더라도 비난받고 있는 듯한 느낌이 들기 마련입니다.

자기 자신을 받아들이지 못하는 사람은 모든 일이 자신이 없습니다. 자신의 결점을 남에게 들키지 않도록 감추어야 하기 때문입니다.

다른 사람이 아무 의미 없이 던진 말에 심하게 상처받거나 화가 치밀어 오른다면 그것이 당신의 약점입니다. 외모, 키, 학업 성적, 말투, 자라온 환경, 모든 것이 약점이 될 수 있겠지요.

낯을 가리는 사람은 자신이 늘 이상한 마스크를 쓰고 있다고 생각합니다. 그래서 자신의 모습과 직면하는 일이 두렵습니다.

이런 사람은 거울로 자신을 보는 연습을 합시다.

먼저 거울 앞에 섭니다. 그리고 객관적인 타인의 시선으로 거울 속 자신을 관찰해봅니다. 가만히 응시하며 자신의 좋은 점을 찾아봅니다.

이때 나쁜 평가는 하지 않도록 주의하세요.

코가 예쁘다, 치열이 고르다, 피부가 깨끗하다, 눈썹이 단정하다, 보조개가 귀엽다와 같은 평가도 좋습니다.

매일 아침 거울에 비친 자신을 향해 소리 내어 칭찬해주세요. "오늘도 웃는 얼굴이구나"라는 식으로 말이지요. 결코 스스로 자신을 비난하지 않도록 합시다.

② 발표 모습을 휴대폰으로 촬영한다

발표 연습을 할 때는 항상 타인의 눈을 의식하는 것이 중요합니다. 발표하는 모습을 휴대폰으로 촬영해 시청해보면 좋습니다.

혼자 해도 좋지만 가족이나 친구를 앞에 두고 이야기하면 더 효과적입니다.

휴대폰으로 촬영하면 휴대폰 렌즈가 타인의 눈 역할을 해줍니다. 휴대폰 렌즈를 타인의 눈이라고 생각하며 똑바로 바라보고 이야기합니다.

사람들 앞에서는 그럭저럭 이야기를 하는데 휴대폰에 찍힌 자신의 모습을 보지 못하는 사람도 있습니다. 이런 사람은 타인이 내리는 평가보다도 스스로에 대한 평가가 더 엄격한 사람입니다.

자신에 대한 평가가 낮고, 이 낮은 자기평가를 휴대폰에 찍힌 자신의 모습에 겹쳐서 바라보는 것이지요(투사).

자신에 관한 일이라면 모두 나쁘게 보이는 필터를 낀 채 바라보고 있다는 말이기도 합니다.

이런 사람은 타인의 눈보다도 우선 자신을 받아들이는 일이 중요합니다.

셀프 촬영한 화면 속 자신을 직시하는 일이 처음에는 조금 어색할지도 모릅니다. 하지만 하다 보면 점점 익숙해집니다.

화제는 말하기 쉬운 내용이 좋겠지요.

사회인이라면 지금 하고 있는 업무 내용에 대해, 대학생이라면 동아리 활동에 대한 내용도 좋고 취직 활동이라고 생각하고 자기소개 연습을 해봐도 좋습니다. 어린 자녀가 있는 분이라면 육아의 어려움이나 학부모 모임 활동, 봉사 활동, 최근에 다녀온 여행 이야기 등 이야깃거리는 뭐든 좋습니다.

- 불안 증상

- 이야기가 잘 들리는가?

- 이야기 내용이 잘 이해되는가?

이야기 시작 전에 발표할 때의 불안 증상이나 내용 전달력 등에 대한 자신의 생각을 구체적으로 상상하며 적어보세요. 떠오르는 내용을 사실대로 쓰면 됩니다. 부정적인 내용도 괜찮습니다.

이를테면 다음과 같이 예상하지 않았나요?

- 불안 증상: 손이 떨린다, 땀이 난다, 아래만 쳐다본다, 눈동자가 좌우로 흔들린다, 얼굴이 빨개진다
- 이야기가 잘 들리는가?: 발음이 나쁘다, 소리가 작다, 목소리가 떨린다
- 이야기 내용이 잘 이해되는가?: 두서없다, 정리가 안 된다

자, 이제 발표 모습을 촬영해 타인의 눈으로 시청해봅시다.

처음에는 조금 긴장될지도 모릅니다. 몸이 떨리나요? 발음은 정확한가요? 이야기 앞뒤가 잘 이어지나요?

자신의 예상과 맞는 부분은 무엇이고 다른 부분은 무엇인가요?

생각보다 잘하고 있지는 않나요?

물론 진짜 사람들 앞에서 말하는 것이 아니라 그럴 수도 있겠지요.

이 연습은 언제 어디서든 혼자 할 수 있고 반복하면 할수록 향상됩니다.

6 긴장하면 안 된다는 생각을 버린다

지금까지 낯가림의 메커니즘과 낯가림 특유의 사고방식에 대해 설명했습니다. 이제 실천편입니다. 말로 아무리 강조한들 실제로 행동하지 않으면 아무런 소용이 없습니다.

머리로는 잘 이해하고 있지만 전혀 행동하지 않는 사람과, 잘 이해하지 못했더라도 행동하는 사람 중 과연 어느 쪽이 유능할까요?

A씨는 이론조차 배우지 않았지만 골프연습장에서 매일 거르지 않고 연습합니다. B씨는 프로 골프선수를 붙여 골프스윙 이론을 철저히 배웠습니다. 그야말로 기술서 한 권을 쓸 수 있을 정도로요. 하지만 B씨는 한 번도 클럽을 잡아본 적이 없습니다.

골프 실력이 뛰어난 사람은 물론 A씨겠지요.

낯가림을 고치기 위해서는 행동해야 합니다. 힘들게 배운 이론도 행동이 동반되지 않는다면, 보물을 손에 쥐고서 썩히는 꼴입니다.

아무리 머리로 이해했어도 막상 실제로 행동할라치면 누구나 뒷걸음질 치기 마련입니다. 낯가림의 공포는 기분과 몸 깊은 곳에 콱 박혀 있기 때문입니다.

용기를 내기만 하면 됩니다. 그러면 낯가림에서 벗어날 수 있습니다. 그래야 인생도 변합니다. 지금 용기를 내지 않으면 도대체 언제 내겠습니까?

인생의 마지막 순간에 '하고 싶은 일을 좀 더 해볼걸' 하는 후회를 가장 많이 한다고 합니다.

이탈리아 세리에 A에서 활약한 축구선수 로베르토 바조는 "페널티킥을 찰 용기를 가진 자만이 페널티킥에서 실패할 수 있다"고 말했습니다. 실패는 누구에게나 두려운 법이지만 공을 차야만 성공도 실패도 있습니다.

그렇다고 너무 기죽지는 말고 즐기며 합시다. 롤러코스터도 처음에는 무섭지만 타다 보면 쾌감 같은 것이 느껴지잖아요.

나아가 **적절한 스트레스와 긴장은 수행 효율성을 올려 더 나은 결과를 이끌어내는 데 도움이 되기도 합니다.**

아래 그래프는 요크스-다드슨 곡선이라고 불리는 것으로 적절한 긴장감이 있을 때 수행 효율성이 가장 높아진다는 사실을 보여줍니다.

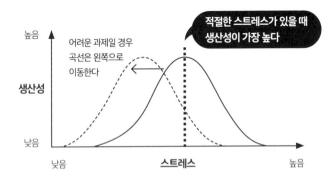

스트레스와 생산성의 관계

수행 과제가 어려우면 곡선은 왼쪽으로 이동합니다. 과제 난이도에 따라 긴장의 적정도가 달라짐을 알 수 있습니다.

간단한 과제는 긴장할수록 성적이 오르기 때문에 긴장감이 높을 때는 간단한 과제부터 착수합시다.

축구를 예로 들면, 게임 종료 시점에 점수가 0 대 0이라고 가정해 봅시다. 이기면 월드컵 출전이 확정되는 시합에서 페널티킥을 차기란 지극히 어려운 일입니다. 실력이 아무리 뛰어난 선수라고 해도 긴장되겠지요.

우선은 드리블과 슛 연습부터 시작합시다. 그리고 대항 경기, 연습 시합, 공식전 순으로 수준을 올립니다.

실력은 연습하면 반드시 향상됩니다. 그렇다고 자신을 과도하게 밀어붙여서도 안 됩니다. 잘 되지 않는다면 다음에 잘하면 됩니다.

긴장하면 안 된다는 생각은 버리세요.

긴장해야 하는 상황에서 긴장하지 않는 사람은 오히려 능력이 떨어집니다.

7 행동을 위한 워밍업

그럼 바로 낯가림을 치료하기 위한 간단한 과제부터 시작해봅시다. 지금부터 소개하는 네 가지는 '행동하는 나'로 만들기 위한 워밍업이라고 생각하고 따라해보세요.

① 인사는 기본 중의 기본이다

매일 할 수 있는 일 중에서 정말 중요한 일이 있습니다. 바로 인사입니다. 가족, 이웃, 직장 동료, 학교 친구, 선배, 후배, 상사, 부하 등에게 말입니다.

지금껏 인사를 나누며 지냈던 사람에게는 목소리를 10퍼센트 크게 해서 인사해봅시다.

별것 아닌 듯싶지만 이것만으로도 인상이 꽤 달라집니다. 아침에 사무실에 들어가 큰 소리로 "좋은 아침입니다!" 하고 말하면 직장 분위기가 확 밝아질 것입니다.

등산에 가서 오르내리는 사람들과 스쳐 지나갈 때는 반드시 "안녕하세요"라고 인사합니다. 처음에는 조금 부끄러울 테지만 그냥 그런 거라고 생각하면 바로 익숙해집니다. 사소해 보이지만 이렇게만 해도 얼굴을 마주치는 사람과의 사이에 놓인 담이 꽤 낮아집니다.

외국 호텔에서 엘리베이터를 타면 서로 "헬로우" 하고 인사를 나눕니다. 이것도 서로의 긴장을 풀기 위한 소소한 시도가 아닐까요?

패밀리레스토랑이나 편의점, 잠깐 들른 옷가게에서도 마찬가지입니다. 가게 주인이나 점원이 인사를 하면 1센티미터라도 좋으니 머리를 숙이고, 목소리가 나오지 않는다면 마음속으로라도 '안녕하세요'라고 말을 걸어봅시다.

② 자신 있는 척한다

자신만만해 보이는 사람 모두가 진짜로 자신이 넘치는 것은 아닙니다. 자신 있어 보여도 마음속은 불안으로 가득할지도 모릅니다.

하지만 자신 있는 척을 하면, 적어도 기죽어 있는 사람을 놀리거나 상대방의 약점을 들춰내려고 호시탐탐 기회를 노리는 사람의 먹잇감이 될 일은 없습니다.

자신 있는 척을 하는 데는 이미지 트레이닝이 효과적입니다. 사람들 앞에서 당당히 행동하는 모습을 머릿속에 그려봅시다. 당신은 등을 곧게 펴고 앞을 직시하며 큰 소리로 또박또박 말하고 있습니다.

자신이 배우라고 생각해도 좋습니다. 당신은 케네디 대통령을 연기하는 신인 배우입니다. 상대역이 거물 배우일지라도 역 비중은 당신이 더 큽니다.

"긴장돼요"라고 소리 내 말하면 '긴장한 걸 들키면 어쩌지……' 하는 불안감은 해소되지만 자기 자신에게 긴장한다는 주문을 거는 셈입니다. 그러면 진짜로 불안 스위치가 켜지고 맙니다.

차라리 긴장하면서도 자신감이 충만한 캐릭터를 연기하는 편이 낫습니다.

만약 손이 떨린다면 '왜 그러지? 긴장도 안 하는데 이상하네'라고 마음속으로 중얼거립시다.

처음에는 조금 흥분조의 말투가 나올지도 모릅니다. 하지만 익숙해지면 점점 안정된 말투로 변할 것입니다. **편안하게 안정된 말투로 말하는 편이 자신 있어 보입니다.**

③ 셀프 프로듀스가 중요하다

예능 프로덕션은 연예인을 데뷔시킬 때 어떤 캐릭터로 승부할지 충분한 전략을 짠 뒤 세상에 내놓습니다. 그렇지 않으면 팬이 제멋대로 평가한 딱지를 그 연예인에게 붙여버리기 때문입니다. 일방적인 평가가 연예인에게 유리하게 작용할 수도 있지만 꼭 그렇다는 법은 없습니다.

그럴 바에야 **자신의 가치는 스스로 컨트롤하는 편이 좋지 않을까요?** 셀프 프로듀스를 하면 낯가림 캐릭터에서 벗어날 수 있습니다.

이미 만들어진 이미지를 바꾸는 일은 어렵습니다. 일단 과거의 자신을 모르는 사람들과의 관계에서 시험해봅시다. 새로운 무대에 선다고나 할까요? 새로운 자신을 프로듀스해서 적극적으로 홍보해봅시다.

④ 낯가림 극복을 즐긴다

우리의 목표는 물론 낯가림 극복입니다. 방황하지 않고 목표를 오랫동안 유지하려면 과정(수단)을 즐길 수 있어야 합니다. 수단의 목적화라고나 할까요?

목적과 수단은 상반되지 않습니다. 최종 목표를 의식하면서 목표에 도달하는 과정을 몇 단계로 나눠 한 단계 한 단계 완수하는 즐거움을 맛볼 수 있기를 바랍니다.

자동차로 출퇴근하는 목적은 집에서 회사로의 이동이지만 드라이브라고 생각하며 운전을 즐기면 일석이조인 것처럼 말입니다.

8 자신감을 불어넣는 연습

다음은 낯가림 극복을 위한 연습입니다.

　구체적으로 행동하는 연습으로, 성공하면 스스로에게 선물을 줍시다(조각 케이크를 산다, 외식할 때 맥주를 마신다 등).

　만약 성공하지 못했더라도 연습에 불과하며, 실질적인 피해는 아무것도 없습니다. 돈을 내야 하는 것도 아니고 당신의 평가에 흠집이 나는 것도 아닙니다.

　연습이므로 잘 될 수도 있고 기대만큼의 성과가 없을 수도 있습니다. 그저 확률 문제일 뿐입니다.

① 복장과 소지품에 신경 쓰는 연습

복장은 중요합니다. 되도록 스스로 만족할 만한, 자신감이 생기는 옷을 입읍시다. 간혹 집에서 입던 옷을 입고 화장기 없는 얼굴로 나가면 꼭 아는 사람을 만난다고 말하는 사람이 있습니다. **어디에서 누구와 만나도 당당할 수 있도록 복장에 신경을 씁시다.**

　남성은 청결한 복장과 머리 모양에 신경을 씁니다. 볼펜이나 시계, 구두 등도 스스로 만족할 만한 것을 소지하면 자신감이 생깁니다.

　소품과 양복, 자동차 등은 확장 자아라고 해서, 자신의 일부가 되기도 합니다.

옷 칭찬을 받으면 기쁜 것은 그것이 자신의 일부이기 때문입니다.

물론 '나는 물건에 기대고 싶지 않아, 본연의 모습으로 승부하고 싶어'라는 의견도 응원합니다. 스스로 납득하는 것이 가장 중요하니까요.

② 사람들 앞에서 발표하는 연습

사람들 앞에서 발표하는 연습은 세미나나 강연회가 좋습니다. 아는 사람이 없으면 발표를 잘 못해도 크게 신경 쓰이지 않습니다. 처음은 소그룹 발표가 좋겠지요.

세미나에 가면 손을 들어 질문해봅시다. 비결은 과감히 맨 처음에 손을 드는 것입니다. 처음에 손을 든다고 마음속으로 다짐해두면, 언제 손을 들어야 하는지 고민하지 않아도 되고 식상한 질문이라도 괜찮습니다.

이 기회를 놓치면 앞 사람 질문과 중복되지 않도록 신경을 써야 하기 때문에 난이도가 높아집니다.

세미나 내용은 듣지 않아도 대충 짐작할 수 있으므로 질문은 미리 생각해두면 좋겠지요.

맨 앞자리에 앉으면 강사 바로 앞입니다. 상대에게 직접 질문하듯 이야기하면 되므로 다른 사람들 눈을 의식하지 않아도 됩니다. 세미나가 끝나고 강사와 함께하는 간담회를 가질 경우 강사에게 말을 걸 수 있는 기회로 이어질 수도 있습니다.

손을 들었다면 이미 성공한 것이나 다름없습니다. 질문자는 많지 않을 테니 그것만으로도 자신감이 생깁니다.

③ 주목받는 연습(혼자 식사하러 간다)

식당에서 혼자 밥을 먹으면 왠지 사람들이 쳐다보는 것 같지 않나요? 사람들이 '친구가 없나? 아니면 바람맞았나?' 생각하는 것 같기도 하고요.

하지만 다른 사람이 무슨 생각을 하는지는 알 수 없습니다. 정말 다른 사람들이 나를 주목하는지 주변을 관찰할 여유를 가지고 **자신감 넘치는 '또 하나의 나'가 된 듯 행동해봅시다.** 셀프 프로듀스가 중요합니다.

레벨 1

- **남성이라면**
  덮밥, 회전초밥 등 혼자 밥 먹는 사람들이 많은 음식점에 갑니다. 주로 남성이 많이 찾기 때문에 여성에게는 문턱이 조금 높을 수도 있습니다.

- **여성이라면**
  카페에서 혼자 런치를 먹습니다. 붐비는 시간을 피해 한가한 시간에 도전해봅시다. 카페 런치는 남성에게 장벽이 높을 수 있습니다.

레벨 2

캐주얼한 이탈리아 레스토랑에서 혼자 저녁식사를 합니다. 싱글 라이프를 즐기는 이탈리아인이 근처 레스토랑에 들러 가볍게 파스타와 글라스와인을 즐긴 뒤 집으로 돌아가는, 마치 이것이 일상인 듯 행동하는 설정입니다. 아무렇지 않게 행동하는 멋진 자신의 모습을 상상해봅시다.

최상급 레벨

호텔 바, 고급 일식집의 카운터 자리, 고급 초밥집.

④ 기죽지 않는 연습(남성편/고급차 매장을 방문한다)

차를 좋아하는 사람이라면 고급차 매장에 방문해봅시다. 물론 구경만 할 뿐입니다. 백화점 등에서도 그렇지만 봤다고 해서 사야 한다는 법은 없습니다.

고급차 매장은 매우 고급스러운 분위기를 자아냅니다. 마치 '안 살 사람은 오지 마'라는 듯이요. 하지만 이것은 오해입니다.

쇼룸의 진열 상품은 모든 사람이 보고 만질 수 있게 진열해둔 견본에 불과합니다.

상품에는 가격이 붙어 있어서 돈을 내면 살 수 있습니다. 살지 안 살지는 개인의 자유입니다. 아무리 부자여도 물건을 구입하기 전까지는 누구나 동등한 고객입니다.

자유롭게 차를 구경하고 시승차가 있으면 운전도 하게 해줍니다. 매장까지 걸어가면 무슨 차를 타고 왔는지로 평가받을 일도 없습니다. 팸플릿을 얻으면 성공입니다.

'살 마음도 없으면서 매장 직원의 시간을 빼앗다니, 너무 미안하다'는 생각은 접읍시다. 고가의 자동차를 쉽게 사지 않을 거라는 것쯤은 직원도 예상하고 있을 테니까요.

당신의 나이가 젊다면, 지금은 신차를 살 수 없지만 언젠가는 사고 싶어서 보러 왔으니 차를 보여달라고 말해봅시다.

⑤ 기죽지 않는 연습 (여성편/아이쇼핑을 한다)

손님이 한 명도 없는 고급 매장에 발을 들여놓으면 매장 직원들이 모두 나만 쳐다보는 느낌이 듭니다. 나를 위아래로 훑어보며 가격을 매기고 있는 게 아닌가 하는 생각도 들지요. 매장 직원 입장에서는 마치 목이 빠지게 손님을 기다렸다는 느낌을 줄까 봐 니트를 다시 개거나 합니다.

이것은 아주 작은 도전입니다. 처음에는 살짝 기가 죽을 정도의 가게에 갑니다.

이때 나름 멋을 부리고 외출합시다. 아끼는 옷을 입으면 자신감이 붙습니다. 화장도 시간을 들여 정성스럽게 하면 좋겠지요.

고급 매장이라고 해도 그곳에서 일하는 직원은 상품을 판매하고 급여를 받는 월급쟁이에 불과합니다. 당신이 상품을 살 만한 사람인지 아닌지 대충 예상은 되겠지만 기본적으로 당신에 대해 그 이상의 흥미는 없습니다. 살 것처럼 보이지 않는다고 해서 "당신이 입을 만한 옷은 없습니다"라고 딱 잘라 말하지도 않습니다.

비슷한 상품이 구비된 조금 캐주얼한 매장을 몇 곳 돌아본 후에 고급 매장에 가면 어떨까요? 비슷한 옷들을 봐온 터라 마음에 여유가 생길 것입니다.

"어떤 물건을 찾으세요?"라고 물어보면 "오늘은 올해 유행을 체크하러 나왔어요"라고 말해보세요. "입어보실 수도 있으니 말씀해주세요"라고 말하면 살짝 미소를 지어봅시다. 점점 난이도를 올려 최종 목표는 문지기가 있는 매장입니다.

⑥ 잡담 연습(미용실에서 대화한다)

미용실은 잡담이 서툰 사람이 연습하기에 좋은 곳입니다. 미용사와 대화를 나눌 때 자꾸 이야기가 끊긴다고 신경 쓰는 사람이 있는데, 미용사는 말을 많이 하는 직업이라서 이야기가 멈춰도 능숙하게 이어나갑니다.

대화를 좋아하는 손님도 있고 그렇지 않은 손님도 있기 때문에 이야깃거리가 없으면 말하지 않아도 됩니다. 이야기가 멈칫거린다고 해서 그 미용사가 사장에게 혼나는 일도 없습니다.

동네 미용실이라 신경이 쓰인다면 여행이나 출장을 갔을 때 빈 시간 등을 이용해 그 지역의 미용실에 가보면 어떨까요? 샴푸만 해도 기분이 좋습니다.

남성이라면 이발소에서 수염 정리만 해보세요. 작은 사치를 한 기분이 들 것입니다. 그리고 술집 등을 추천해달라고 부탁해보세요. 수염 정리 비용은 정보 값이라고 생각합시다.

좀 더 깊은 대화를 원한다면 여성의 경우 네일숍을 추천합니다. 상담받는 기분으로 가보면 좋습니다. 상대방 시선이 손톱에만 집중되기 때문에 눈 맞추기를 힘들어하는 사람도 괜찮습니다. 샴푸나 마사지처럼 자신의 몸 일부를 상대에게 맡기면 기분이 편안해져서 불안도 줄어듭니다.

⑦ 셀프 프로듀스 연습(여행을 떠난다)

여행을 떠나 평소와는 다른 사람이 돼 봅시다. 국내도 좋지만 해외여행이 더 일상에서 벗어난 기분이 들어서 변신하기 쉽습니다. 이를테면 셀프 프로듀스의 해외 버전이라고나 할까요?

해외에 나가면 국내에 있을 때보다 몇 배나 더 말을 걸어옵니다. 상대방이 친근하게 말을 걸어오는 것이 두렵다면 반대로 당신이 말을 걸어봅시다. 어차피 떠듬떠듬 말할 것이 뻔하므로 유창히 말해야 한다는 부담감도 없습니다. 국내에 있을 때보다 마음이 훨씬 편할지도 모릅니다.

외국 관광객은 그 나라 입장에서 손님입니다. 대부분의 사람은 손님에게 친절한 법이지요.

우리나라에서도 그렇지 않나요? 외국 여행객이 길을 물으면 우리나라 사람이 물어봤을 때보다 친절하게 대응하게 됩니다. 외국인이 말을 걸어주면 조금 기쁘기도 하고요.

게다가 여행을 마치고 돌아오면 다시 만날 일이 없기 때문에 실수해도 문제될 것이 없습니다. 이것저것 생각하지 말고 말이 전혀 통하지 않는 나라에 가보면 어떨까요? 통하는 것은 단어와 몸짓뿐입니다. 어떤 의미에서 전혀 말을 못하는 상황이 되면 두려움도 사라지기 마련입니다.

⑧ 스스로를 칭찬하는 연습

하루를 되돌아보며 생각을 행동으로 옮긴 자신을 칭찬해줍시다. 결과야 어떻든, 행동했다면 '굿잡!'입니다.

혼자 파티에 가다니 대견해, 먼저 말을 건 것도 잘했고, 발표할 때 목소리가 좀 떨리긴 했지만 끝까지 잘 마무리했어 등 어떤 사소한 일이라도 좋습니다. 행동했다면 잘했다고 자신을 칭찬해주세요.

줄곧 망설이기만 하던 일에 도전한 자신의 모습이 멋지지 않나요?

자신의 행동에 대한 결과를 다른 사람이 칭찬해줬다면 마음껏 기뻐합시다. 너무 겸손한 척하면 애써 칭찬해준 사람이 실망할지도 모릅니다. "정말 감사합니다. 그렇게 말씀해주셔서 기뻐요." 이 말이 바로 나오도록 연습해두어도 좋겠지요.

스스로를 질책하는 일은 그만두세요. 질책한다고 열심히 하는 사람은 극소수에 불과합니다. 그보다는 잘한 일을 칭찬하도록 합시다.

9 주도권을 잡는다

'먼저 말을 거는 것'과 '말을 걸어주기 기다리는 것'은 크게 다릅니다. '관찰하는 것'과 '관찰당하는 것'이 크게 다르듯이 말입니다.

누군가가 말을 걸어주기를 기다리면 자신을 밖에서 바라보는 시선이 됩니다. 저 사람은 말을 걸어줄까? 내가 어떻게 보일까? 어떻게 생각할까? 이런 생각이 듭니다.

반대로 내가 상대방에게 말을 거는 경우는 내 시선이 상대방을 향합니다. 이 사람은 어떤 사람일까? 어떤 생각을 하고 있을까? 하는 생각이 들지요. 내가 관찰하는 시선이 되면 긴장도 줄어듭니다.

구술시험이나 취직 면접에서도 그렇지만, 질문받는 쪽이 약한 입장입니다. 이에 비해 질문하는 쪽이 우위입니다. 따라서 질문하는 쪽이 되도록 합시다. 상대방에게 먼저 말을 걸면 상황 주도권을 잡을 수 있습니다.

점원에게 말을 건다

낯가림 고치기란 사실 간단합니다. 사람에게 말을 거는 횟수를 늘리기만 하면 됩니다. 연습을 하지 않아서 서툴 뿐입니다.

대화라고 해서 거창하게 생각하지 않아도 됩니다.

편의점에서는 손님에게 상품을 건넬 때 반드시 손님의 눈을 보고 "고맙습니다"라고 말하기 때문에 눈을 맞추는 연습 기회로 삼기 좋습니다.

살짝 눈을 바라보며 가볍게 고개를 숙이고 "네" 또는 "고맙습니다"라고 말해봅시다. 그러면 점원도 좋아할 것입니다.

가게에 들어가면 점원이 말을 걸기 전에 "안녕하세요, 구경 좀 할게요"라든가 "이 자켓에 어울리는 청바지를 찾는데요" 등 뭐든 좋으니 말을 걸어봅시다.

파티에 참석한다

파티는 지금까지의 노력을 집대성하는 자리가 아닐까 싶습니다.

자기소개를 할 기회도, 당신이 기죽을 만한 사람을 만날 일도, 아무렇지도 않게 잡담을 나누거나 앞으로의 일을 생각해 조금 깊은 대화를 나눌 일도, 모두 생길 수 있으니까요.

파티에 참석할 때는 당신이 먼저 말을 걸어야 한다는 점을 반드시 기억합시다. 파티에 가보면 누가 말 걸어주기를 기다리는 사람이 꼭 있습니다. '내가 먼저 말을 걸 용기는 없지만 말을 걸어주면 이야기를 할 텐데……'라고 생각하는 사람입니다.

이런 사람을 찾아서 "파티에 자주 오시나요?"라고 말을 걸어봅시다. 상대방은 기뻐하며 대화에 응해줄 것입니다.

상대방은 당신에게 매우 감사해할지도 모릅니다. 너무 깊이 생각하지 말고 먼저 다가가 보세요. 상대방도 그곳에 사람을 만나 이야기를 나누러 왔습니다. 반드시 반응이 올 것입니다.

회사의 여성 동료에게 같이 영화 보러 가자고 권한다

이번 상황은 남성용입니다. 여성분들, 부디 기분 나빠하지 말아주세요. 아무리 시대가 변해도 데이트 신청은 남자의 몫인 것 같습니다. 데이트 신청도 파티와 마찬가지로 낯가림을 극복하기 위한 노력을 집대성하는 기회가 아닐까 싶습니다.

데이트는 '남이 나를 꿰뚫어 본다는 불안'을 극복하기 위한 최종 관문입니다. 장애물이 조금 높으므로 여기서는 말을 꺼내기만 해도 성공이라고 간주합시다. 정말 마음에 둔 여성이 아닌 편이 좋겠지요.

이것은 어디까지나 연습입니다. 설사 거절당한다고 해도 현실적으로 잃는 것은 아무것도 없습니다.

준비

- 그녀가 좋아하는 영화를 조사합니다.
- 그녀에게 자연스럽게 말을 걸 수 있는 상황을 만듭니다(소소한 부탁을 해서 그 답례로 선물을 건네면서 권한다 등의 스토리를 생각합니다).
- 그녀에게 다른 일정이 있는 날을 미리 조사합니다.

행동

'그녀에게 다른 일정이 있는 날을 지정해' 영화를 보러 가자고 합니다.

거절당할 것을 알고 있으니 안심이 될 것입니다. 오히려 그녀가 못 가서 아쉽다고 말할지도 모릅니다. 거절해서 미안하다고 생각할지도 모르고요.

그녀가 다음에 같이 보러 가자고 했다면, 다음에는 진심으로 권하면 됩니다.

단, 진짜 데이트도 낯가림 극복을 위한 과제라고 생각하지는 맙시다. 마음에 드는 상대와 함께 보내는 그 시간에 만족합시다. 사랑은 게임이 아니니까요.

거절당하는 연습을 한다

공격은 최대의 방어라고 하지만, 안심하고 공격하기 위해서는 방어법을 확실히 익혀두어야 합니다. 유도의 비법이기도 하지요.

낯을 가리는 사람에게 필요한 방어법은 '상대에게 거절당하는' 연습입니다.

거절하면 바로 죽어버릴 것 같은 결의에 찬 얼굴로 뭔가를 부탁하는 사람이 있다면 참 곤란하겠지요. 반면 가볍게 거절할 수 있는 분위기를 만들며 부탁하는 사람에게는 여유가 느껴져서 청을 받은 쪽도 마음이 편합니다.

방문 판매든 전화 판매든 실제로 말을 들어주는 사람의 비율은 아주 낮습니다. 하지만 거절당하다 보면 그 상황에 익숙해집니다. 이것도 하나의 능력입니다.

말을 걸었다가 거절당한들 사실 당신 인생에는 아무런 영향도 미치지 않습니다. 순간 마음은 조금 아프겠지만 무슨 큰일이 일어나지는 않습니다. 반면 권유하고 거절당하는 경험치는 분명 증가할 것입니다.

확률이라고 생각한다

일본의 연예인 이시다 준이치는 '헌팅은 확률이다'라는 명언을 남겼습니다. 딱히 품격이 느껴지는 말은 아니지만, 이 말은 그의 많은 경험에서 우러나온 진실일 것입니다.

이 말의 좋고 나쁨은 차치하고, 여기서 중요한 것은 '확률'입니다. 즉, '모 아니면 도가 아니다'라고 생각하는 사고방식입니다.

100명에게 말을 걸어서 한 사람이라도 뒤를 돌아보면 성공이라고 생각한다면 마음이 편해지지 않나요? 이와 마찬가지로 스피치를 할 때도 청중의 20퍼센트만 공감해줘도 대성공이라는 마음으로 임하면 긴장도 덜하겠지요. 모두의 공감을 얻어야 한다는 생각 자체를 버리는 것이 좋습니다.

말을 잘하려고 애쓰지 말고 상대방을 즐겁게 해줘야겠다고 생각하며 이야기합시다. 말을 잘해야 한다는 강박이 생긴다면 시선이 자기 자신을 향해 있다는 증거입니다. 그러지 말고 시선을 상대방에게 주며 이야기합니다. 완벽한 스피치였다는 평가를 기대하기보다 상대방에게 도움이 될 만한 이야기를 한다는 마음가짐이 좋습니다.

당신이 말을 거는 사람은 운명의 상대가 아니다

"저 사람이 운명의 상대라면 용기 내서 말을 걸겠는데, 운명의 상대인지 아닌지를 모르니깐 말을 못 걸겠어"라는 말을 했던 분이 있습니다.

글쎄요, 솔직히 운명의 상대는 이 세상에 몇 명 없지 않나요? 게다가 만약 그 사람이 운명의 상대라면 거절당한 후가 더 큰 문제입니다. 정말 긴장되고 부담스러운 상황이 될 것이 뻔합니다.

이러한 상황이라면 긴장하지 않는 것이 더 이상합니다. 올림픽의 육상 100미터 결승전보다 더 긴장될지도 모릅니다.

그러니 친구 따라 부담 없이 참석한 모임에서 우연히 마주친 상대에게 그냥 말을 걸어보세요. 그러면 꼭 말을 잘하지 않아도 괜찮으니까요.

스탠딩 모임에 참석했다면, 목적은 많은 사람의 얼굴 익히기라고 생각합시다. 명함만 교환하면 그걸로 성공, 이 정도가 딱 좋습니다. 너무 큰 목표는 오히려 독이 됩니다.

제 5 장

당당히 주장한다

1 늘 상대방 눈치를 보는가?

여기까지 읽는 동안 당신은 사람들 앞에서 당당히 발표를 할 수 있을 것 같은 자신감이 생기고, 낯선 사람과의 대화를 불편해하는 마음이 줄어들었을 것이라고 생각합니다.

물론 조금 목소리가 떨리거나 가슴이 두근거릴지도 모르지만, 그 자리를 버틸 수 있다면 확실히 발전하고 있다는 증거입니다.

드디어 이 책도 마무리 단계에 접어들었습니다.

힘을 내 '앞'을 향해 나아가 봅시다.

다른 사람과 긴장하지 않고 이야기를 나눌 수 있게 됐지만, 늘 상대방 안색을 살피거나 일방적으로 상대에게 맞추기만 한다면 스트레스가 쌓입니다.

당신이 당신답게 살아가기 위해서는 건전한 '자기주장'이 필요합니다. 자기주장이란 자신의 의견과 생각을 말하고 싶을 때 솔직하게 상대방에게 전하는 것입니다.

따로따로 살면서 가끔 서로의 집을 오갈 때는 좋았다가도, 결혼해서 함께 살게 되는 순간 자신의 설 곳을 잃어버리는 사람이 있습니다.

이는 늘 상대방에게 자신을 맞추는 사람입니다. **당신은 미리 상대방 생각을 추측해 그 생각에 맞춰 행동하는 일이 습관처럼 되어버리지는 않았나요?**

상대방과의 의견 차이로 두 사람 사이에 틈이 생기는 것을 불편해하고 그럴 바에야 내 입장을 꺾는 편이 훨씬 마음이 편하다고 생각하지는 않습니까?

따로 살 때는 자신의 집에 돌아오면 아무 신경을 쓰지 않아도 되지만, 한 지붕 아래에 살게 되면 나만의 피난처가 사라집니다.

오히려 아내가 마음을 쓸까 봐 집에서는 편한 척한다는 남성이 있었습니다. 아내를 위해 온 힘을 다해 연기하고 있는 것인데, 이래서야 온전한 휴식이라고 할 수 없겠지요. 가정이 가정으로서의 역할을 충분히 해내고 있지 못하는 것입니다.

자기주장은 누구에게나 정당한 권리입니다. 상대방과 마찬가지로 당신도 자신의 의견을 말할 수 있어야 건강한 관계입니다.

당신이 어떻게 생각하든 당신의 자유다

당당히 자신의 의견을 주장할 수 있게 되면 어떤 변화가 일어날까요?

먼저 다른 사람이 말하는 대로 하지 않고 상대방과 대등하게 의견을 교환할 수 있습니다.

말하고 싶은 것이 있는데 참기만 하면 나라는 존재는 사라집니다. **자신의 의견을 주장하지 못하면 자존심은 늘 제자리입니다.**

자기주장이 서툰 사람은 상대방과 의견이 대립해 상대방 기분이 상하는 상황을 극도로 두려워합니다.

애당초 '내가 상대방 기분을 상하게 했다'는 생각은 잘못된 단정에 불과할 수도 있습니다. 상대방도 당신의 마음을 살펴 당신 의견에 따르려고 하고 있는 것인지도 모릅니다.

모름지기 내가 어떻게 생각할지, 상대방 의견에 어떻게 반응할지는 스스로 선택해야 합니다. 마찬가지로 상대가 어떻게 생각하며 당신 의견에 어떻게 반응할지는 상대방이 선택할 문제입니다.

만약 부당한 요구를 받았다면 당신에게도 거절할 권리가 있습니다.

당당한 자기주장이야말로 당신을 당신답게 만듭니다.

2 관계의 두려움을 없애는
자기주장법

스스로가 납득할 만한 자기주장을 하기 위한 일곱 가지 방법을 소개하겠습니다.

낯을 가리는 사람 중에는 무의식중에 일방적으로 상대방에게 맞추기만 하는 사람이 많습니다. 이는 반드시 개선해야 할 나쁜 습관입니다.

① 눈치 보지 말고 내 의견을 말한다

자신의 의견을 말하지 못하는 사람은 '미움받는 일'을 두려워합니다.

늘 상대방에게 맞추기만 하던 당신이 어느 날 진짜 속마음을 말했을 때 상대가 동의해주지 않는다면 두 사람은 대등한 관계라고 말할 수 없습니다. 가급적 관계를 끊는 것이 바람직합니다.

다른 사람의 의견에 동조하기만 하면 마음속에 불만이 쌓일 수밖에 없습니다. 그리고 입 밖으로 내뱉지는 않지만 상대방이 알아차려주기를 기대하게 됩니다. 이런 마음이 계속되면 상대방을 공격하고 싶은 마음으로 변형되기 마련입니다.

'나는 이렇게 애쓰고 있는데 왜 상대방은 알아주지 않지?'라는 불만이, 토라지거나 삐지거나 하는 식의 조금은 왜곡된 형태로 표출되어 상대를 공격하는 경우가 많습니다.

자신의 원하는 바를 상대방 의견과 분리해 제대로 전하는 노력 없이는 건전한 인간관계도 기대하기 어렵습니다.

예

늘 상대방에게 맞춰 액션 영화만 보지 않아도 됩니다. 때로는 당신이 좋아하는 로맨스 영화도 보세요.

② 다른 사람에게 이유를 설명하지 않아도 된다

주변을 보면 근로자의 당연한 권리인 유급 휴가를 사용하지 않는 사람이 정말 많습니다. 자기가 쉬면 다른 사람이 피해를 본다고 생각하기 때문입니다.

그래서 휴가를 쓰고 싶을 때는 '부모님이 입원하셨다'거나 '친척이 외국에서 결혼을 한다' 등의 거짓말을 하기 일쑤입니다. 원래 쉬는 이유를 설명할 필요는 없는데 말입니다.

오히려 유급 휴가를 쓰지 않는 사람이 모두에게 민폐입니다. 휴가를 쓰지 않는 상사가 있으면 부하직원도 쉴 수 없으니까요.

예

당신이 머리카락을 염색하는(염색하지 않는) 이유도, 바이크를 타는(타지 않는) 이유도, 디즈니나 아이돌 그룹을 좋아하는(좋아하지 않는) 이유도 다른 사람에게 굳이 설명할 필요가 없습니다.

③ 타인의 곤란한 상황은 내 책임이 아니다

당신에게 그럴 마음도 있고 시간적으로도 여유가 있다면 누군가를 도와주는 일은 물론 훌륭한 일입니다. 하지만 **자신을 희생해서까지 타인을 도와야 하는 것은 아닙니다.**

가령 돕지 못해도 죄책감을 느낄 필요는 없습니다. 어느 누구도 당신을 책망할 권리는 없습니다.

봉사는 강요할 수 있는 것이 아니니까요.

예

큰며느리라고 해서 시어머니를 병원에 모시고 다니는 일을 혼자 감당할 필요는 없습니다. 가족의 대소사는 모두가 분담해야 합니다.

④ 생각은 변한다

일관성이 있다는 말이 있습니다. 좀처럼 자신의 주장을 바꾸지 않는다는 의미지요. 주로 칭찬의 의미로 건네곤 합니다.

물론 한 번 정한 생각은 바꾸지 말아야 한다는 가치관이 있을 수도 있습니다. 하지만 꼭 그럴까요? 바뀌어도 괜찮지 않나요? 인생 중대사도 아닌데 말이지요.

일관성이 있다는 말은 뒤집어 말하면 융통성이 없다는 말이기도 합니다. 처음 생각과 주장에 계속 집착하는 것도 결코 바람직하지 않습니다.

중요한 것은 일관성이 있느냐 없느냐가 아니라, 그 주장이 현실에 근거하고 있느냐 그렇지 않느냐입니다.

예

한 번 필요 없다고 거절했지만 그 후 마음이 변해 필요해지는 경우가 있습니다. 그럴 때는 생각을 바꿔도 괜찮습니다.

⑤ 싫으면 싫다고 말한다

부탁받으면 거절 못하는 사람이 있습니다.

타인에게 친절해야 한다는 생각이 굳게 자리 잡고 있기 때문입니다. 하지만 말도 안 되는 요구라면 거절해야 마땅합니다. **항상, 무엇이든, 상대방 기대에 맞추려고만 하면 상대방 멋대로 당신을 이용할 수도 있습니다.**

어느 날 문득 '친구 사이고 둘 다 면허도 있고 차도 있는데, 항상 내 차만 이용하고 나만 운전하잖아?', '둘 다 똑같이 일하는데 집안일도 육아도 늘 나만 해' 하고 불만이 쌓일 가능성이 높습니다.

또 상대방은 나에게 좋은 뜻으로 해주는 일이라 해도 부담스러울 때가 있습니다. 이런 경우도 거절하도록 합시다.

예

세일즈맨이 열심히 설명한다고 해서 마음에 들지 않는 물건을 살 필요는 없습니다.

⑥ 상대방 질문에 모두 대답하지 않아도 된다

우리에게는 대답하고 싶지 않은 일도, 모르는 일도, 판단이 서지 않는 일도, 틀린 일도 당연히 있습니다.

질문을 받았다고 해서 모든 질문에 답해야 할 의무는 없습니다. '당신의 작년 수입은 얼마였나요?'라든가 '당신은 이혼한 적이 있나요?' 하는 질문은 친한 사이라고 해도 대답하기 싫은 법입니다.

질문이라는 형식은 질문받은 사람으로 하여금 '대답해야 한다'는 기분이 들게 합니다. 하지만 그것은 착각입니다.

상대방에게 그 질문을 하는 납득할 만한 이유가 있고, 당신에게 그 질문에 답할 의무가 있는 경우에만 답하면 됩니다.

질문은 간단하지만 답은 어려운 문제도 얼마든지 있습니다.

질문하는 쪽에 비해 답하는 쪽은 부담이 매우 큽니다.

가령 상대방이 "그것에 대해 어떻게 생각해? 나쁜 점이 없다고 단언할 수 있어?"라고 당신을 추궁해도, 바로 대답할 필요는 없습니다.

이 질문이 부당하다고 느낀다면 "당신은 내가 잘못됐다고 말하는 건가요? 그렇다면 뭐가 잘못됐는지 설명해주세요"라고 상대에게 물어봅시다.

예

"왜 나랑 사귀지 않는 거지?"라고 상대방이 결단을 촉구해도 당신에게는 대답할 의무가 없습니다.

⑦ 누구나 때로는 남에게 상처를 준다

상대방이 무엇을 생각하고 어떻게 느끼는지는 알 수 없습니다. 물론 상대방에게 상처를 주지 않는다면 제일 좋겠지만, **상대방 반응을 완벽히 예측하는 일은 불가능하기 때문에 때로는 당신의 말로 인해 상대방이 상처 입는 일이 있을 수 있음을 기억해둡시다.**

결과적으로 상대방 기분을 상하게 해 두 사람 사이가 어색해졌다면 관계는 다시 회복하면 됩니다.

절대로 상처를 주면 안 된다고 생각하면 필요 이상으로 상대방 기분을 살펴 자신의 생각과 의견을 말하지 못하게 됩니다. 이것은 건전한 인간관계라고 말할 수 없겠지요.

가끔은 남의 기분을 상하게 할 수도 있습니다. 이는 서로 마찬가지라고 선을 그읍시다.

예

친구가 좋지 않은 일을 하려고 합니다. 당신은 친구에게 그만두는 것이 좋다고 충고했습니다. 그 결과 친구는 자신이 부정당했다고 느껴 상처를 받았습니다. 이것은 어쩔 수 없는 일입니다.

건전한 자기주장을 위한 일곱 가지 방법

1. 눈치 보지 말고 내 의견을 말한다.

2. 다른 사람에게 이유를 설명하지 않아도 된다.

3. 타인의 곤란한 상황은 내 책임이 아니다.

4. 생각은 변한다.

5. 싫으면 싫다고 말한다.

6. 상대방 질문에 모두 대답하지 않아도 된다.

7. 누구나 때로는 남에게 상처를 준다.

낯가림의 약물치료

기대되는 효과

사회불안증(SAD)이라는 고민을 안고 병원을 찾는 사람들 대부분은 대중 앞에서 발언해야 하는 일을 앞둔 경우가 많습니다.

다음 주에 있는 중요한 회의에서 발표를 해야 한다, 내일모레 아이 운동회에서 학부모 대표로 인사말을 해야 한다 등 촌각을 다투는 경우가 많은데, 이럴 때 약물치료를 병행하면 효과적입니다.

사회불안증 치료에 사용되는 약은 크게 SSRI(선택적 세로토닌 재흡수 억제제), 벤조디아제핀계 항불안제, 베타차단제 등 세 종류로 나눌 수 있습니다. 이들 약은 모두 병원 상담 후 처방받을 수 있습니다.

이 중에서도 가장 중요한 SSRI는 부작용이 적은 새로운 타입의 우울증 치료제로, 1980년대에 개발된 이후 불안장애(사회불안증도 포함됩니다)에도 효과가 있다는 사실이 밝혀졌습니다.

SSRI는 예기 불안 억제에 효과적입니다. 예기 불안이란 사람을 만나거나 발표를 할 때 또 긴장하지 않을까 걱정하는 불안입니다. 효과는 보통 복용 1~2주 후에 나타납니다. 필요할 때만 복용하는(돈복이라고 합니다) 타입이 아니라서 지속적으로 복용해야 효과가 나타납니다.

2014년 1월 기준으로 일본에서는 네 종류의 SSRI를 사용할 수 있습니다.

- 플루복사민(상품명: 루복스, 데프로멜)
- 파록세틴(상품명: 팍실)
- 설트랄린(상품명: 졸로프트)
- 에스시탈로프람(상품명: 렉사프로)

세계생물정신의학회의 2008년 가이드라인에서는 위 네 가지 SSRI 약제와 SNRI(세로토닌 노르아드레날린 재흡수 억제제)의 벤라팍신이 SAD의 제1 추천약물로서 가장 효과가 뛰어나고 부작용이 적다고 여겨집니다.

다음으로 벤조디아제핀계 항불안제는 소위 정신질환의 치료보다는 진정에 초점에 두고 복용하는 마이너 트랭퀼라이저인데, 사람과 마주할 때 유발되는 마음의 불안을 감소시키는 데 효과가 있습니다.

복용하면 즉시 효과가 나타나지만 의존성이 있어서 지속적으로 복용하지 않고 발표 직전 등 필요할 때만 복용합니다. 비상시에는 수호신처럼 가지고 있는 것만으로도 효과가 있습니다.

베타차단제는 교감신경의 흥분을 진정시키는 작용을 해서, 사람들 앞에서 말할 때 발생하는 가슴 두근거림이나 떨림 등을 억제합니다.

벤조디아제핀계가 마음의 불안에 작용한다면 베타차단제는 신체 불안에 효과적입니다. 베타차단제도 즉효성이 있어서 발표 직전 등 필요할 때 사용하면 좋습니다. 의존성은 없지만 혈압이 낮거나 천식이 있는 분에게는 적합하지 않습니다.

이 세 약물의 사용 방법은, 평소에는 SSRI를 복용해 예기 불안을 줄이다가 그래도 당일에 불안하다면 벤조디아제핀계 항불안제로 마음의 불안을 진정시키고, 가슴 두근거림이나 몸 떨림 등 신체 불안이 심할 경우에는 베타차단제를 병용하도록 합니다.

약물치료만으로는 효과가 한정적이지만 정신치료(이 책에서 설명한 내용도 포함)와 함께 적절히 사용하면 효과적입니다. 너무 많이 먹으면 배가 아픈 것처럼 마음도 아플 때가 있습니다. 이럴 때는 위장약을 복용하듯 마음의 약을 복용해보는 것도 좋습니다. 주치의와 잘 상담한 뒤 약을 복용하면 나을 것이라는 편안한 마음으로 복용해보시길 바랍니다.

나오는 말

낯가림은 질환이라기보다는 나쁜 사고 버릇에 가깝습니다. 오랜 기간 몸에 배어 당신을 불편하게 만드는 이 나쁜 버릇을 고쳐보면 어떨까요?

그러려면 부지런히 연습해야 합니다. 연습 기회는 이 책에서 살펴본 것처럼 우리 주변 곳곳에서 쉽게 찾을 수 있습니다.

확실한 목표를 세우고 어떻게 하면 목표를 이룰 수 있을지 궁리해보세요. 실현 가능한 현실적인 계획 아래 부지런히 노력하며 눈앞의 장벽을 하나하나 뛰어넘다 보면 어느새 최종 목표에 가까워져 있을 것입니다. 결국 인생이란 이런 과정의 반복이 아닐까 싶습니다.

자신이 정한 목표를 스스로의 힘으로 성취하면 자기평가가 높아지기 마련입니다. 자기평가가 높아지면 새로운 일에 도전할 용기도 솟아나겠지요. 남들의 평가 따위는 두려워하지 않고 있는 그대로의 자신을 드러낼 수 있는 당당함도 갖추게 될 것입니다. 당당해지면 자신의 생각을 솔직히 상대방에게 전할 수도 있습니다. 지금껏 꿈꿔왔던 모든 일이 실현되는 것이지요.

낯가림을 극복하고 인생의 열매가 풍성해지길 원하나요? 그렇다면 포기하지 말고 꼭 도전해보세요.

여기까지 읽어주셔서 정말 감사합니다.